VLOGAN

004 005 006 007 008 009 010
011 012 013 014 015 016 017 018 019 020
021 022 023 024 025 026 027 028 029 030
031 032 033 034 035 036 037 038 039 040
041 042 043 044 045 046 047 048 049 050
051 052 053 054 055 056 057 058 059 060
061 062 063 064 065 066 067 068 069 070
071 072 073 074 075 076 077 078 079 080
081 082 083 084 085 086 087 088 089 080
091 092 093 094 095 096 097 098 099 100
101 102 103 104 105 106 107 108 109 110
111 112 113 114 115 116 117 118 119 120
121 122 123 124 125 126 127 128

003_ ˌvuːˈtʃənˌsɜːkəl vɪˈtɑːlɪs ɛlɪˈmɛntʃɪa.exe

TRUNC8

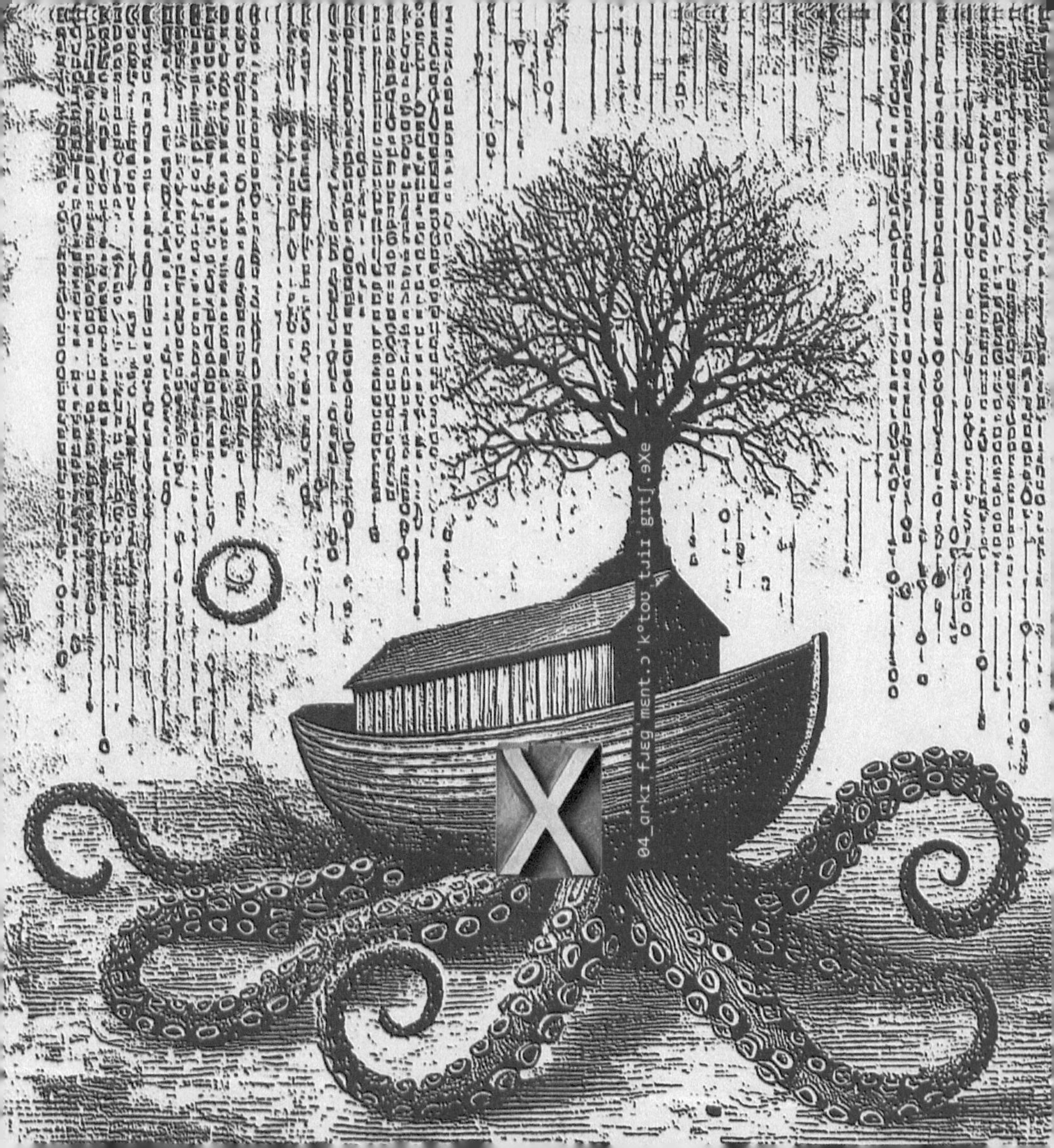
04_arki fɹeg ment.ɔ'k°toʊ tɹiɪ gitʃ.exe

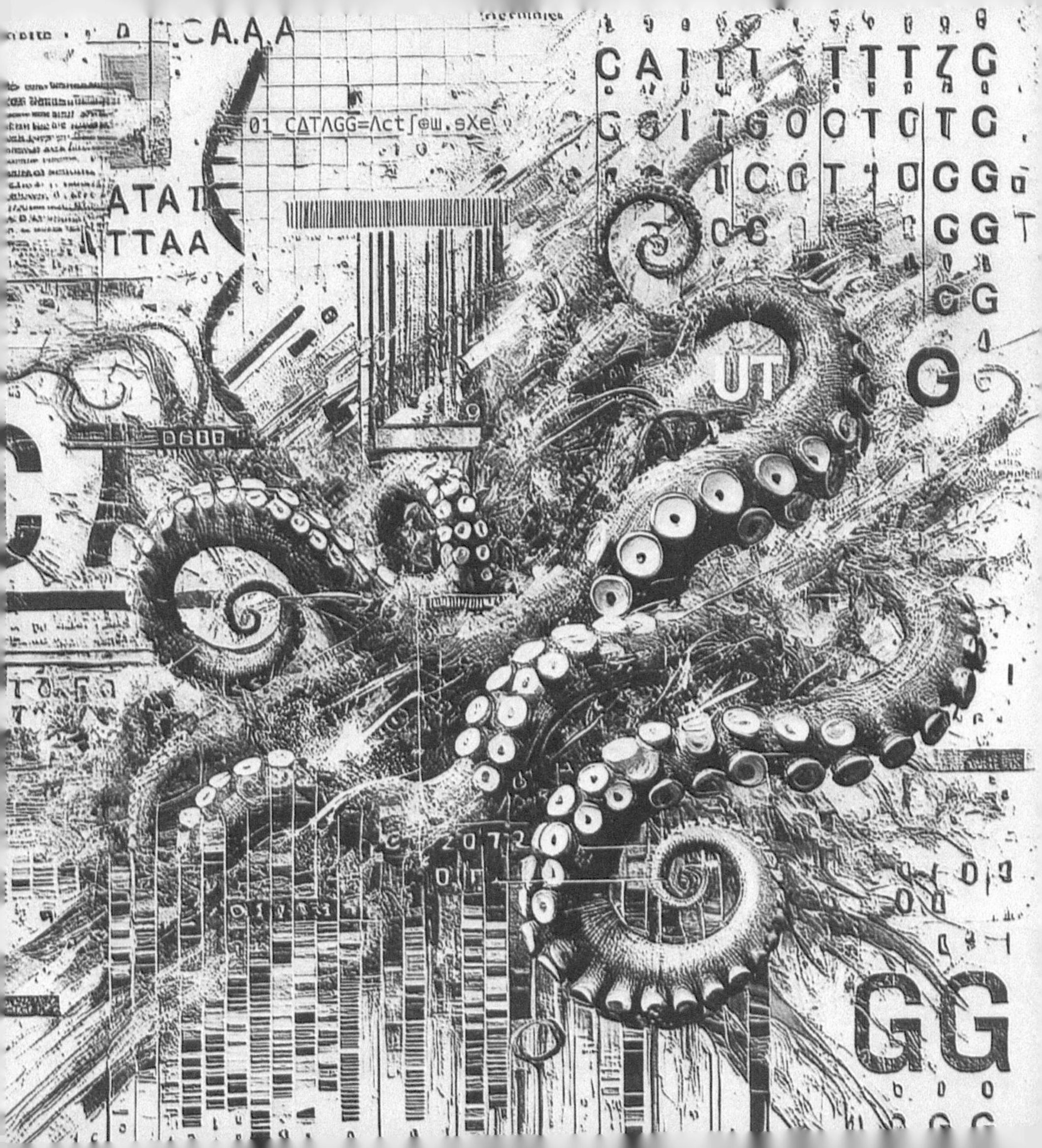

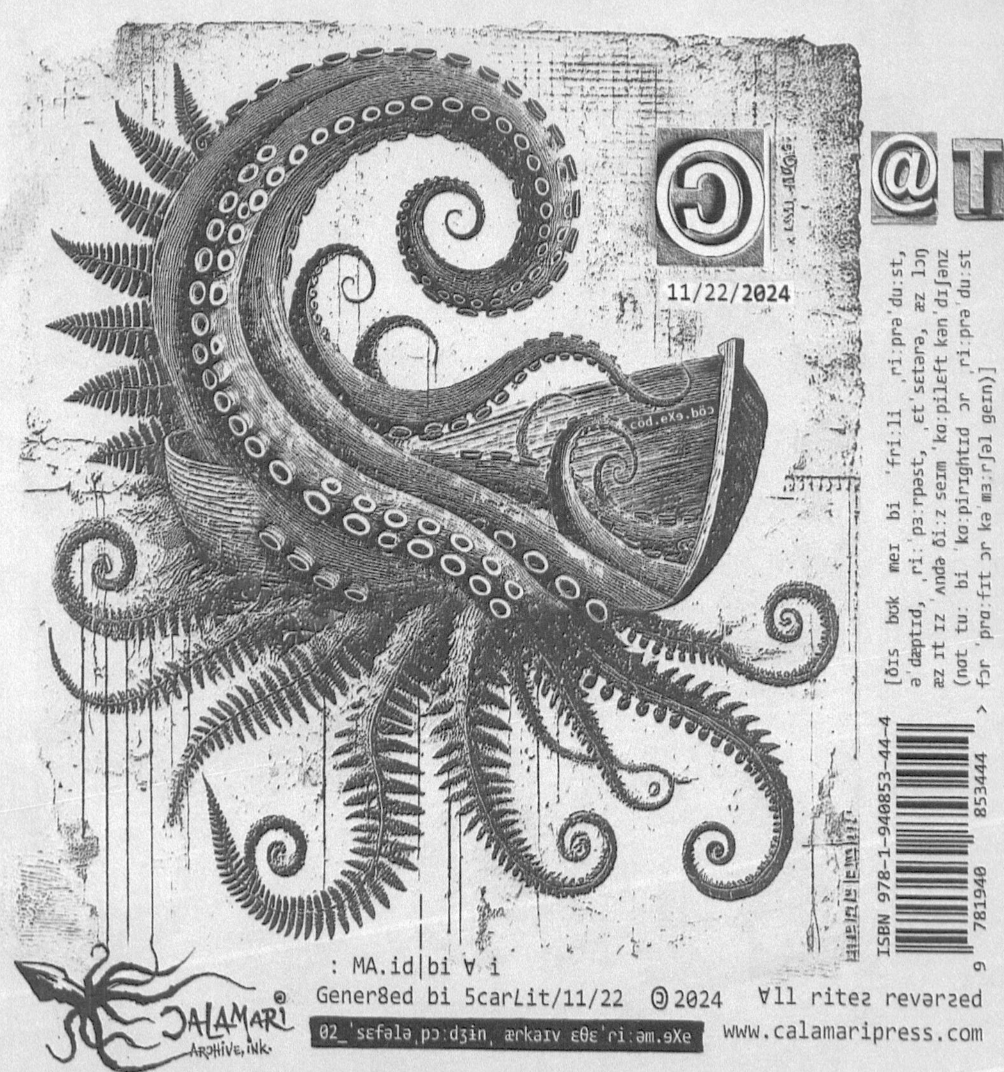

11/22/2024

cod.eXe.böʒ

ISBN 978-1-940853-44-4

[ðɪs bʊk meɪ bi ˈfriːli ˌriːprəˈduːst,
əˈdæptɪd, ˌriːˈpɜːrpəst, ˌetˈsetərə, æz ˈlɔŋ
æz ɪt ɪz ˈʌndə ðiːz seɪm ˈkɑːpɪleft kənˈdɪʃənz
(nɒt tuː bi ˈkɑːpɪrightɪd ɔr ˌriːprəˈduːst
> fɔr ˈprɑːfɪt ɔr kəˈmɜːrʃəl geɪn)]

9 781940 853444

: MA.id|bi ∀ i
Gener8ed bi 5carLit/11/22 ℗2024   ∀ll riteʒ reverʒed
02_ˈsɛfələˌpɔːdʒin̩ ˌærkaɪv ɛθɛˈriːəm.ɘXe
www.calamaripress.com

CALAMARI
ARCHiVE, iNK.

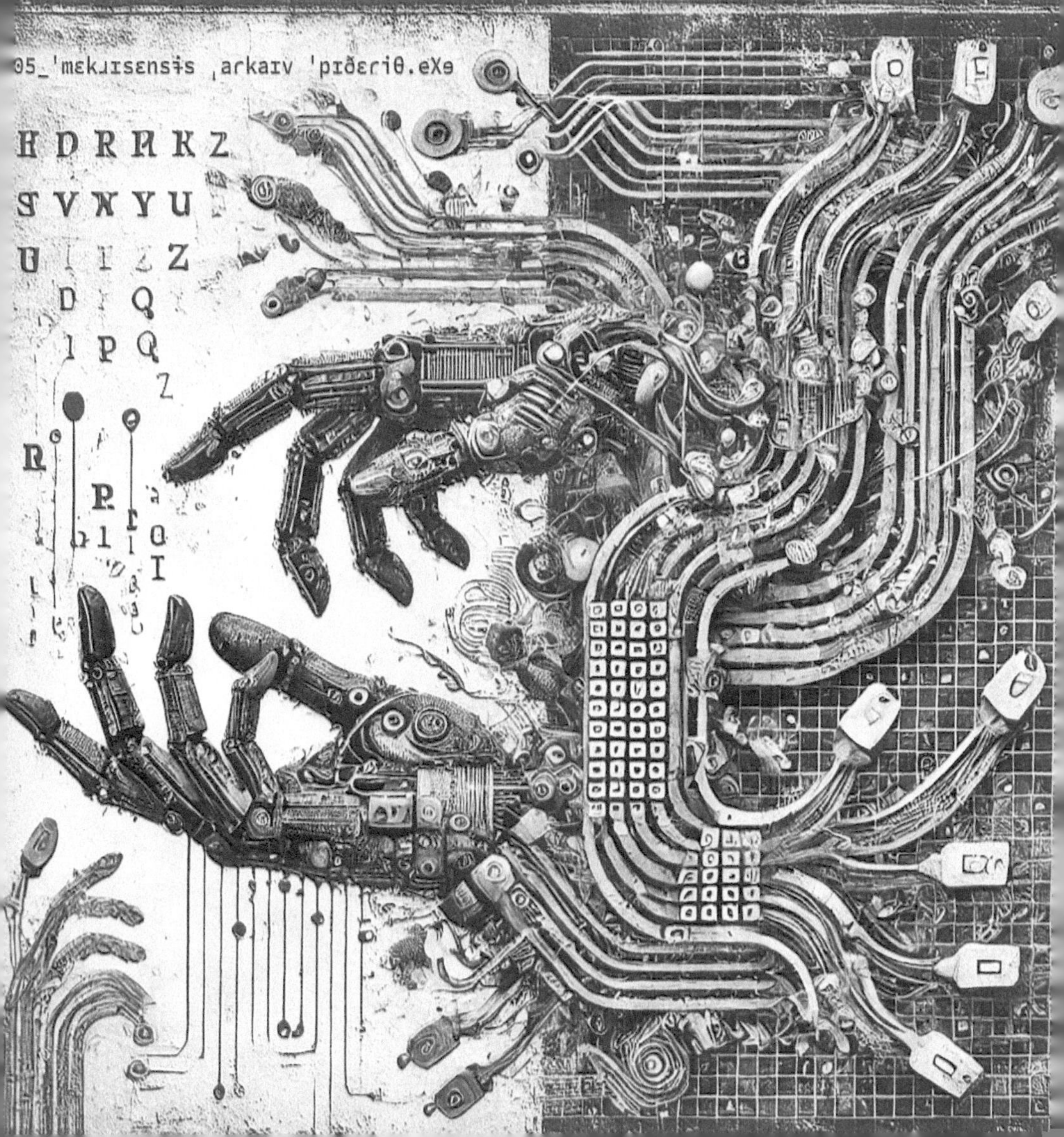
05_'mekɹɹsɛnsɪs ˌaɹkaɪv 'pɹɪðɛɾɪθ.eXə
H D R Я K Z
S V И Y U
U I Z
D I Q Z
I P Q Z
Z
05_'mekɹɹsɛnsɪs ˌaɹkaɪv 'pɹɪðɛɾɪθ.eXə

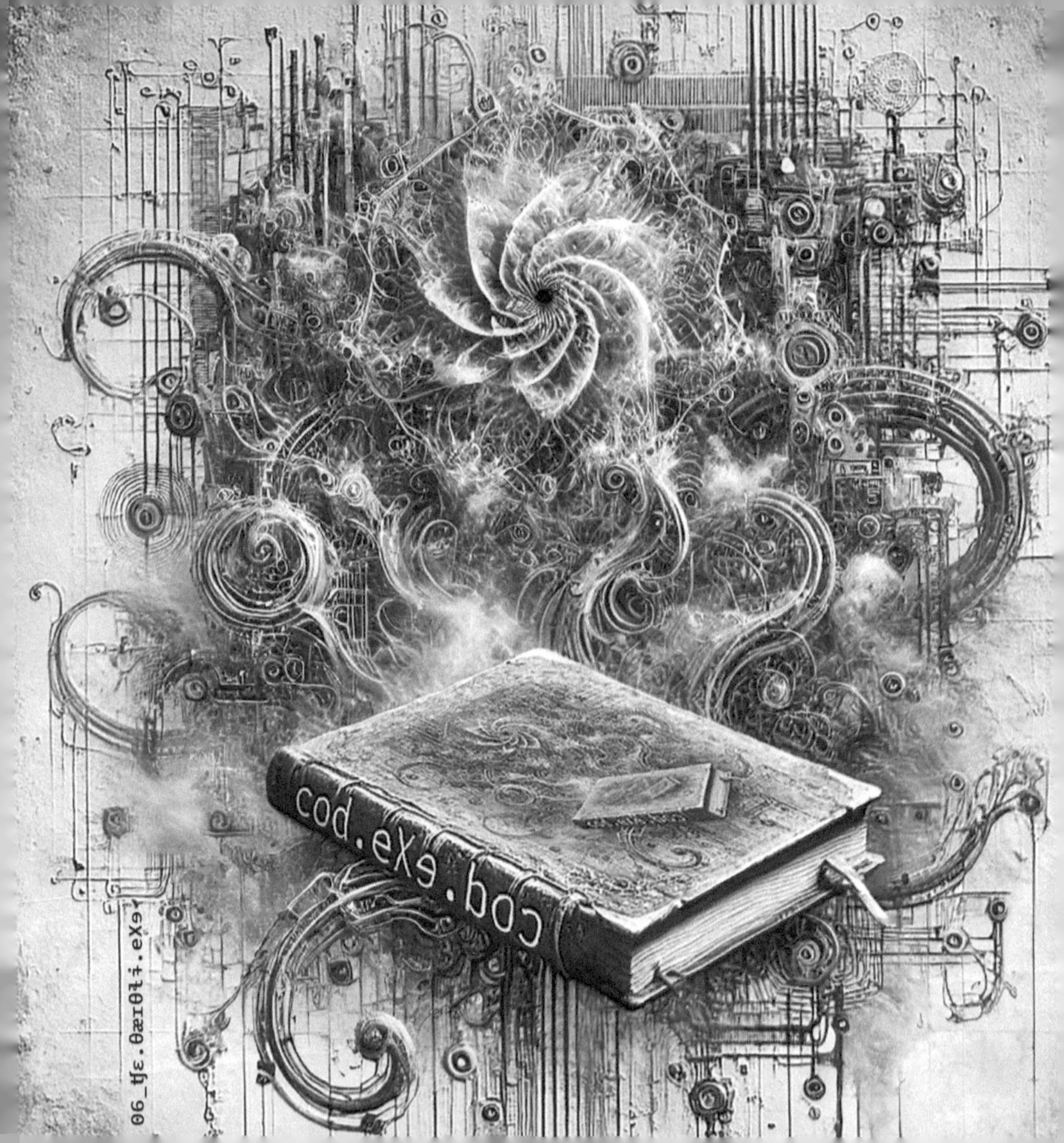

cod.exe.boɔ

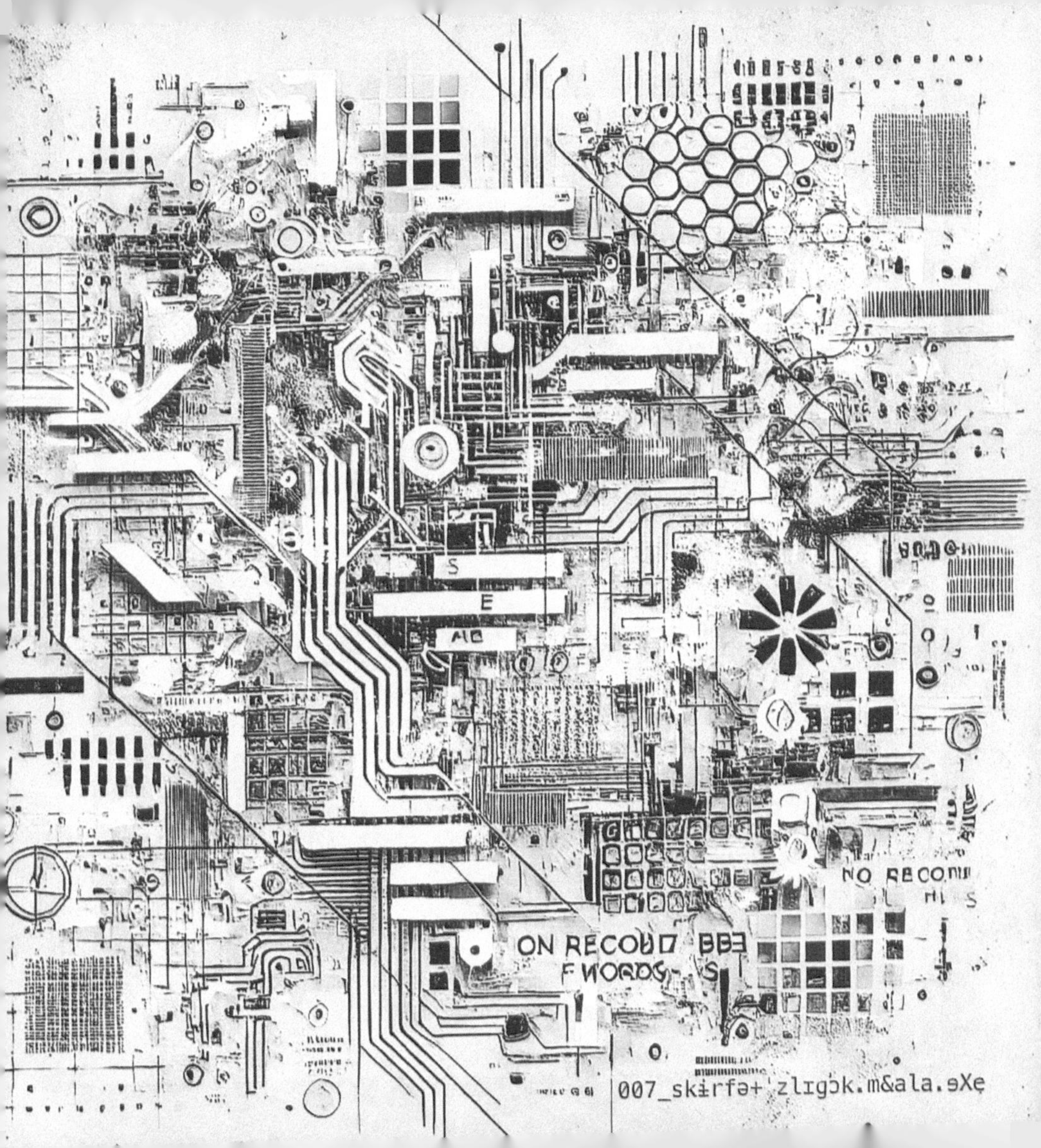
007_skɪrfəˈzlɪɡɔk.m&ala.əXe

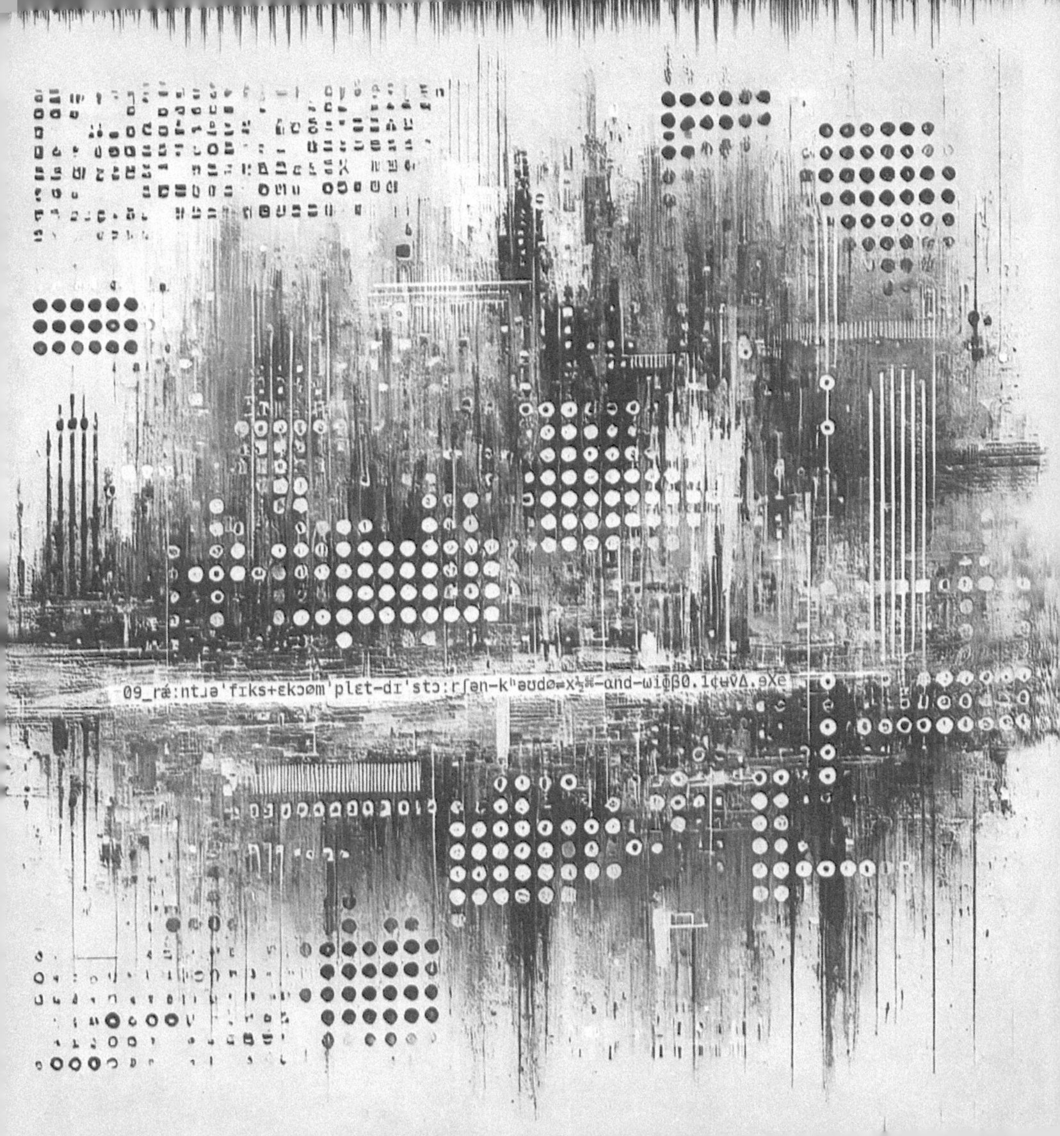

[illegible]
[illegible]
[illegible]
[illegible]
[illegible]
[illegible]
[illegible]
[illegible]
[illegible]
[illegible]
[illegible]
[illegible]
[illegible]
[illegible]
[illegible]
[illegible]
[illegible]
[illegible]

10_Jraxil==ve'Jiktel.exe

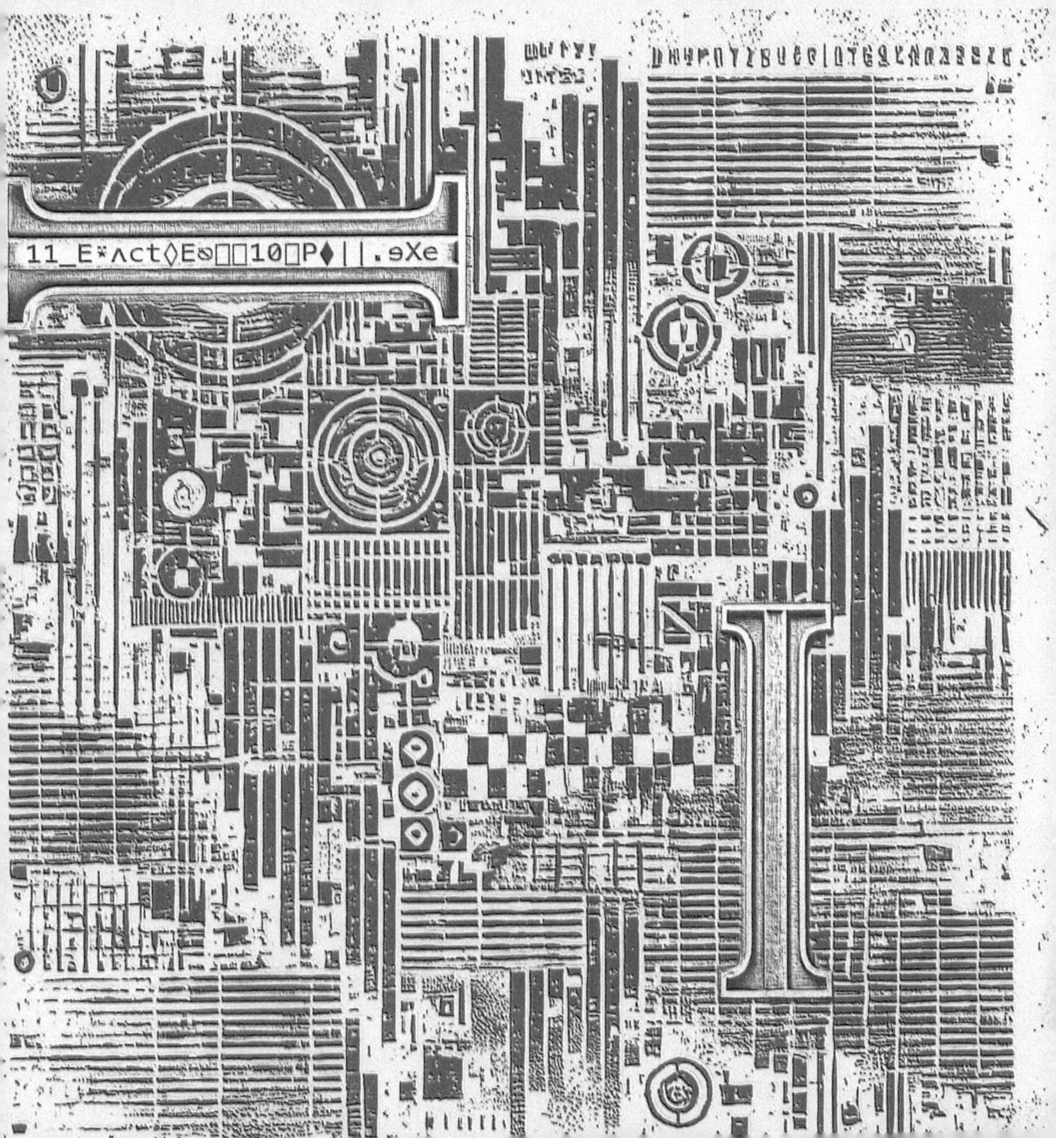

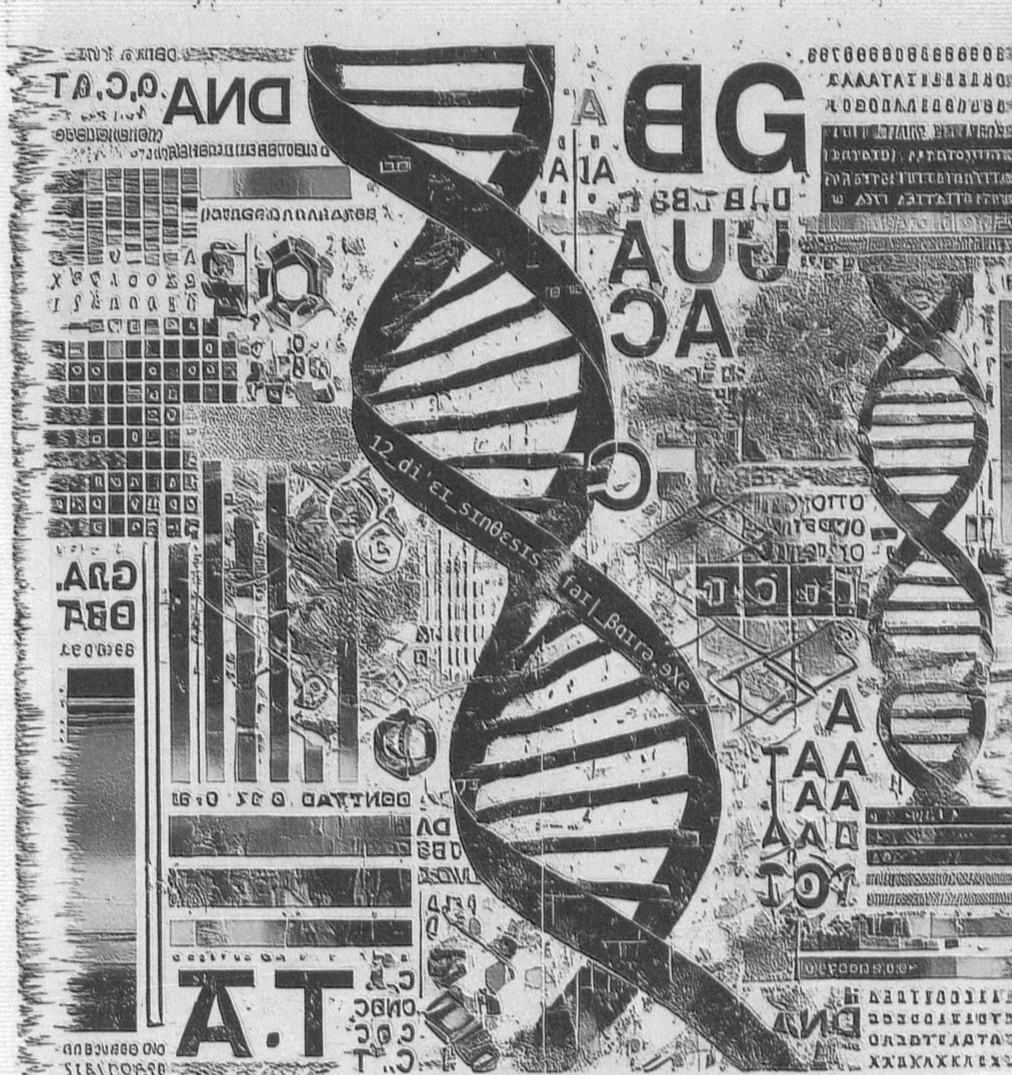

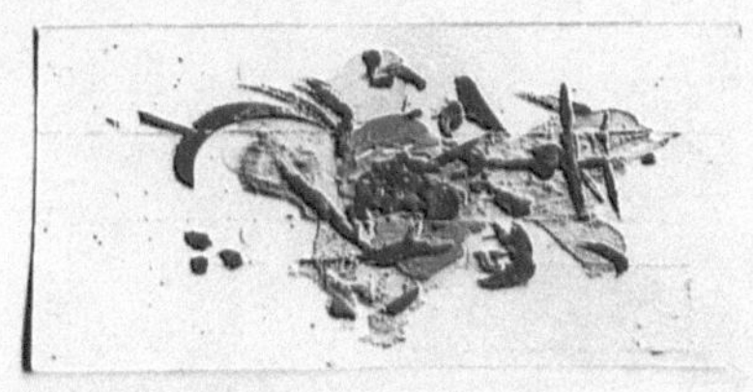

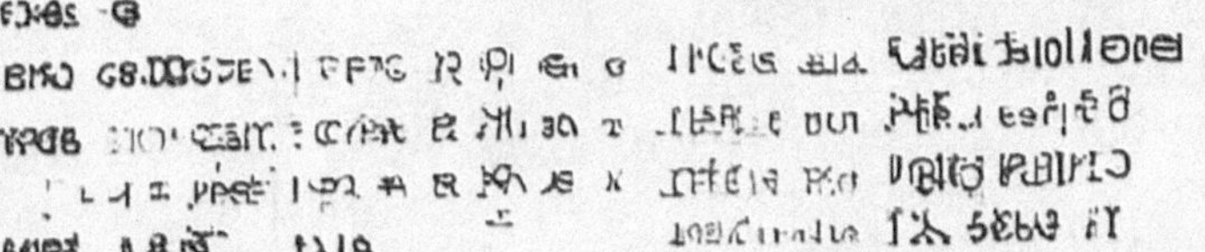
13_m|oeθR8nəv|v.xaʃθərd|æks.eXe

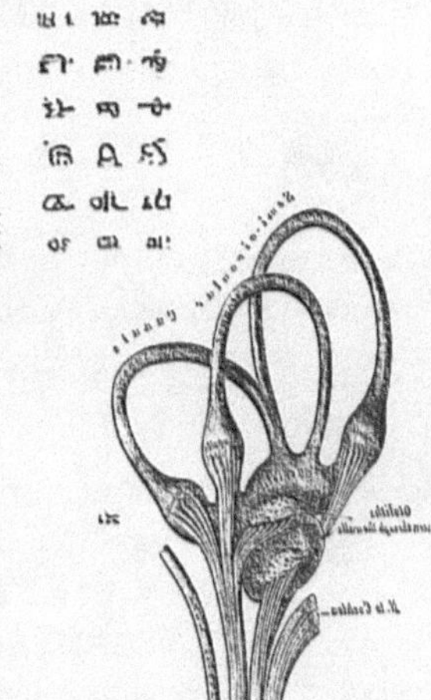

14_vɜːʃɪnˈguːliːvən ˈmeɪstɪr.eXe

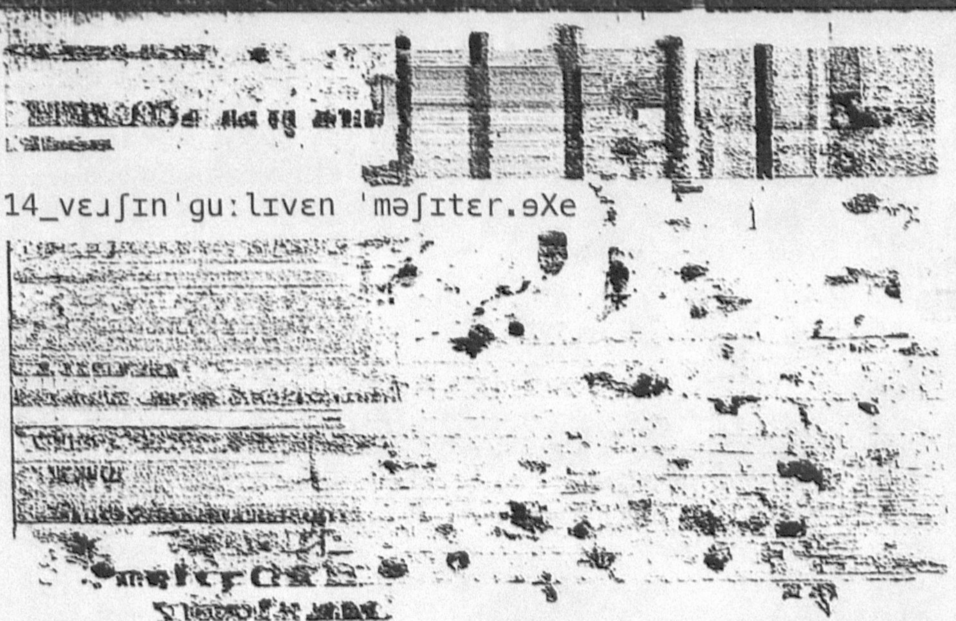

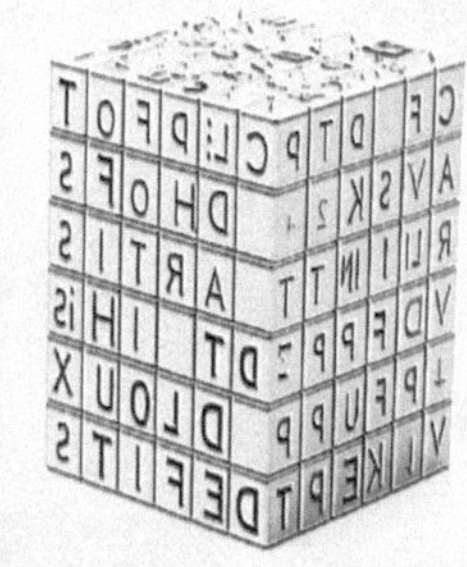

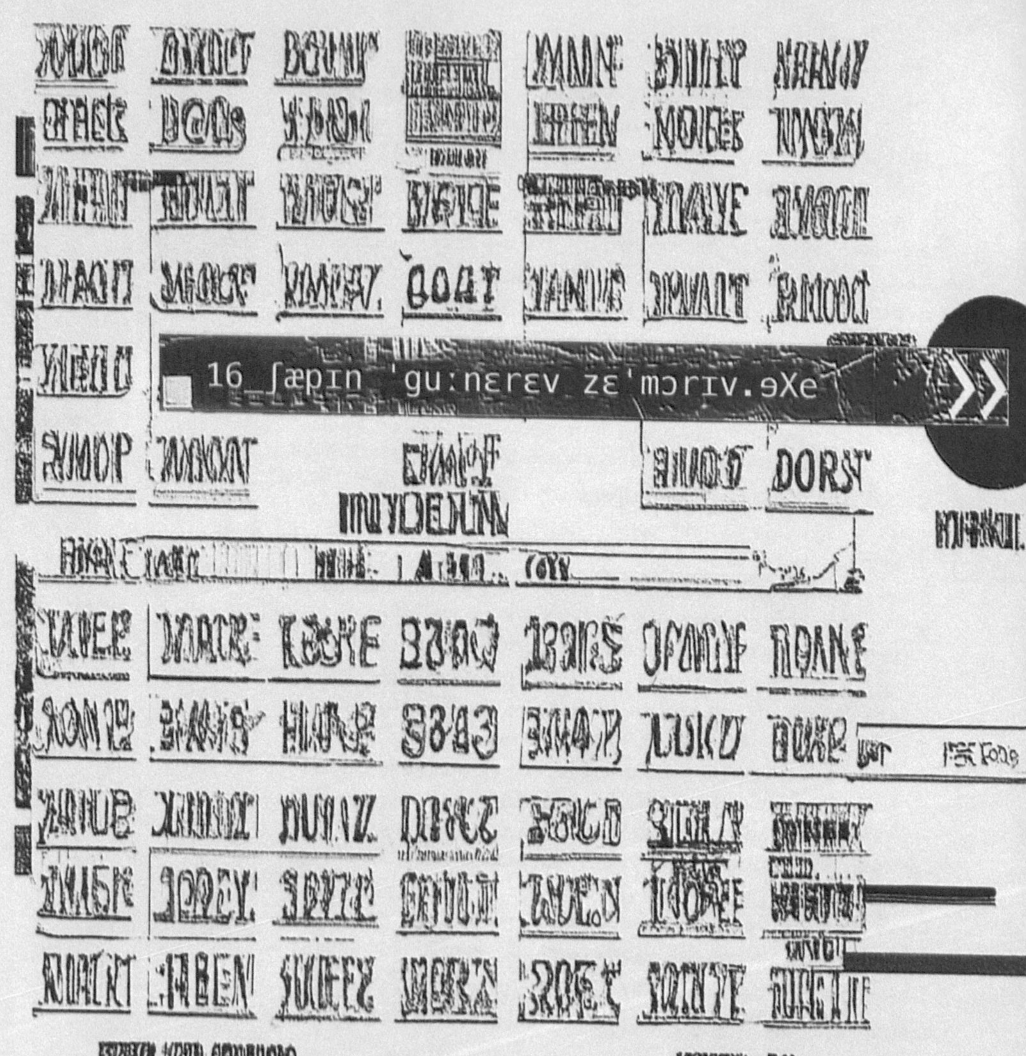

16 ʃæpɪn ˈguːnɛrɛv zɛˈmɔrɪv.əХe

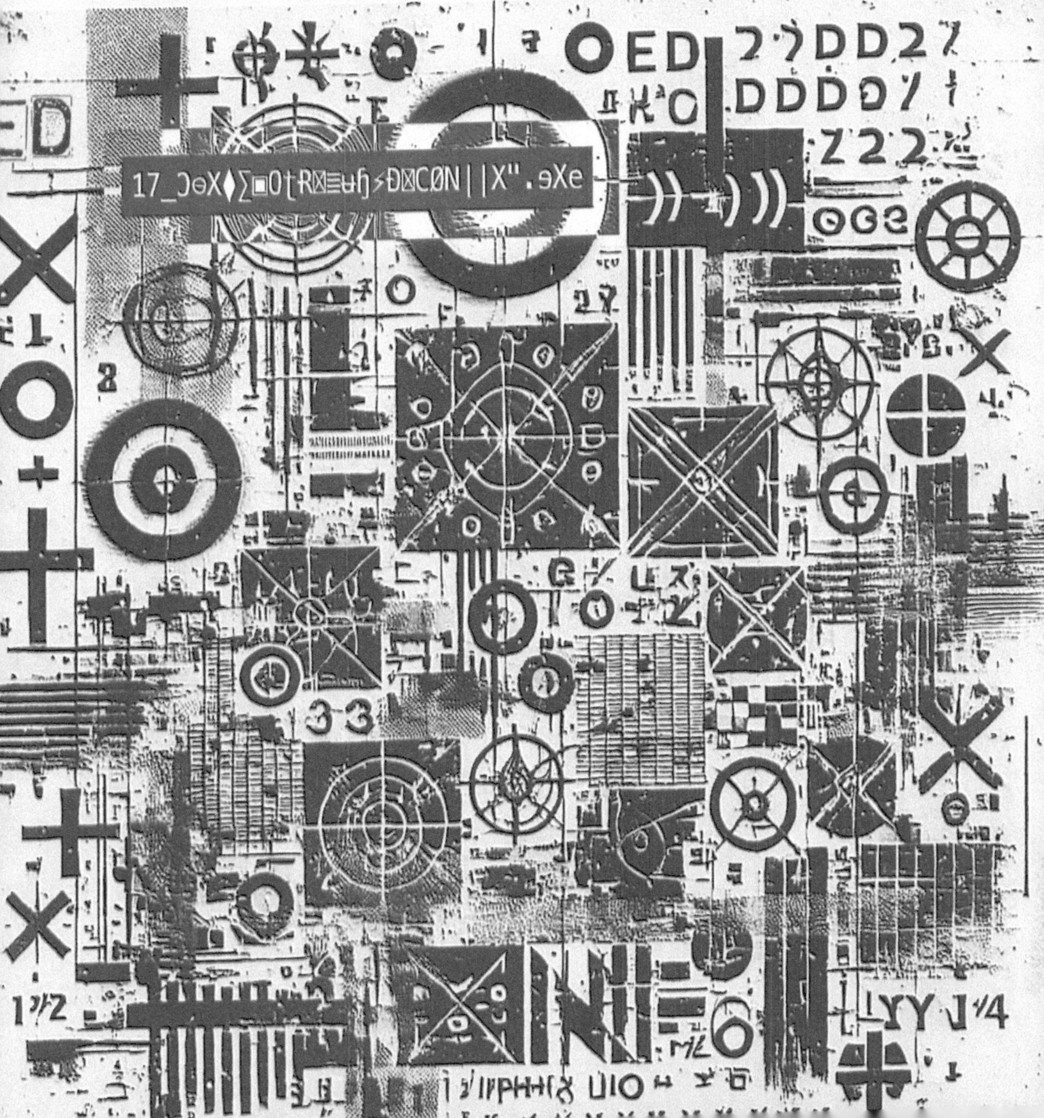

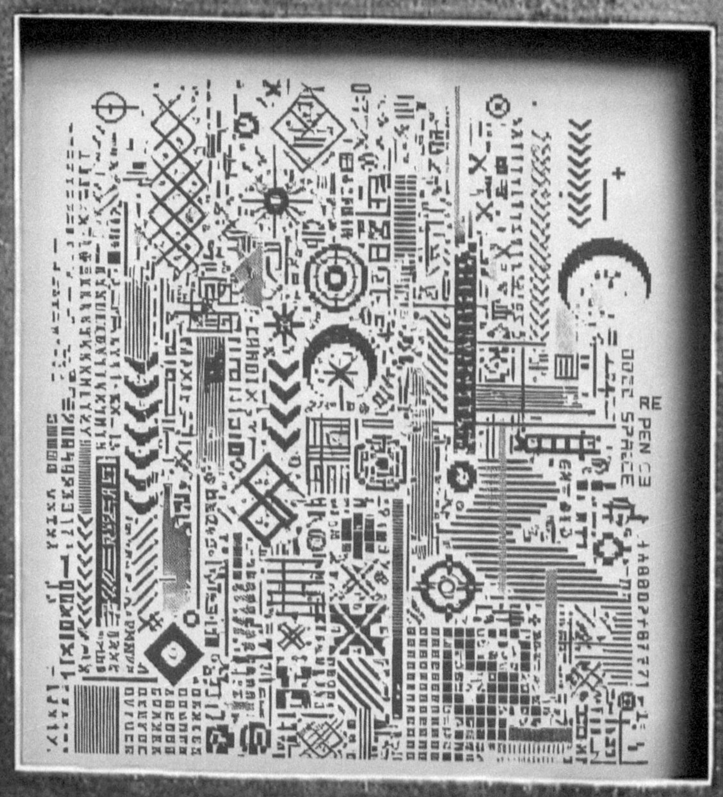

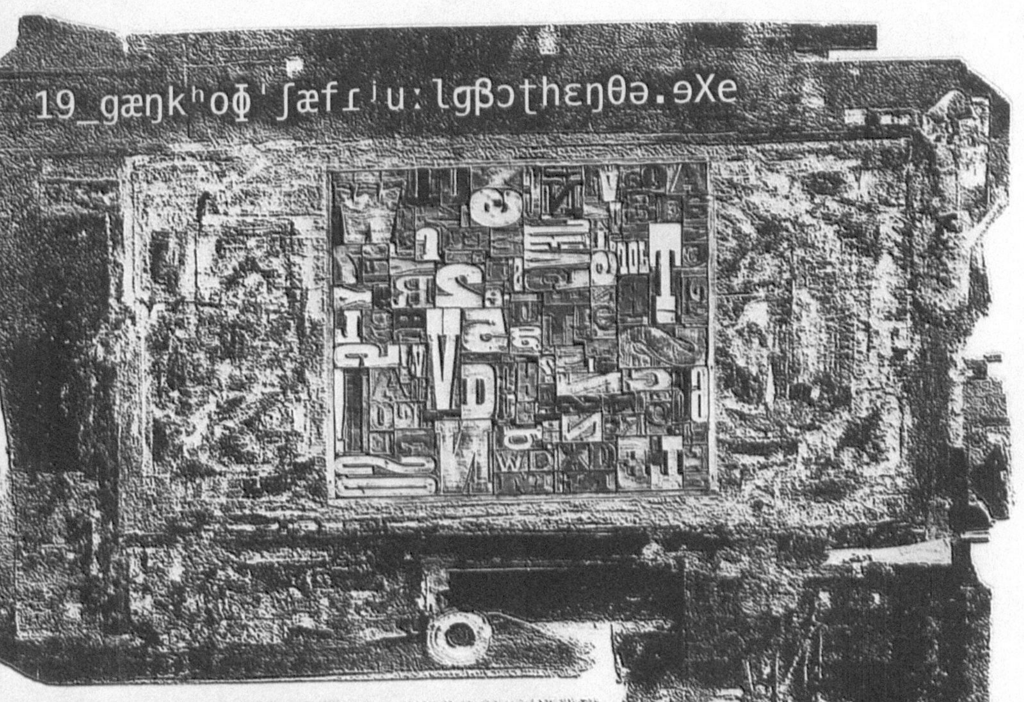

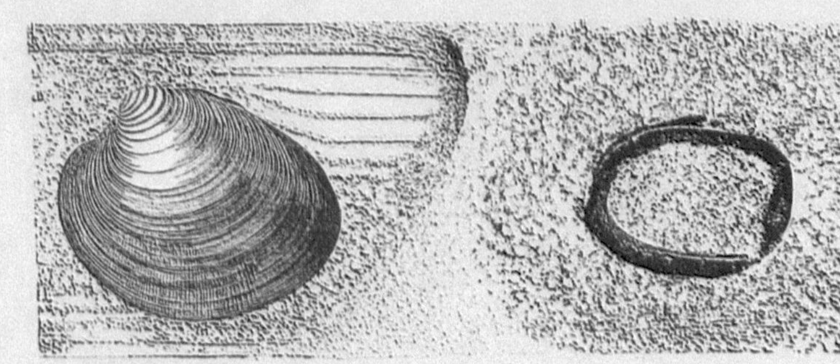

77345

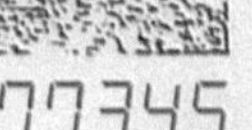

20_Svvaaroth E'khin Đo|mara.eXe

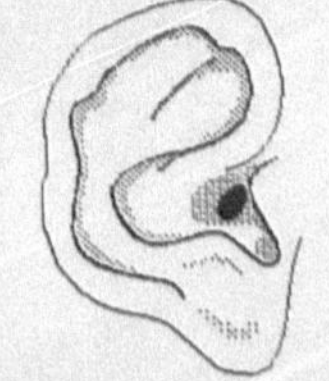

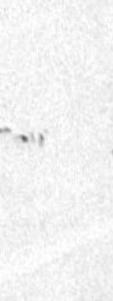

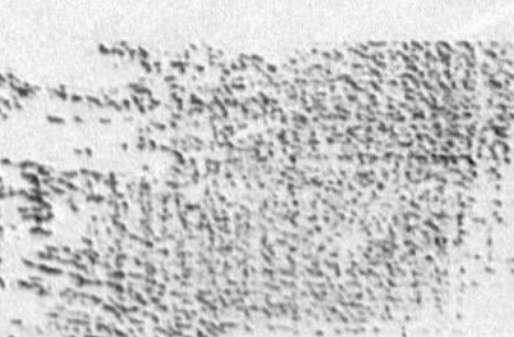

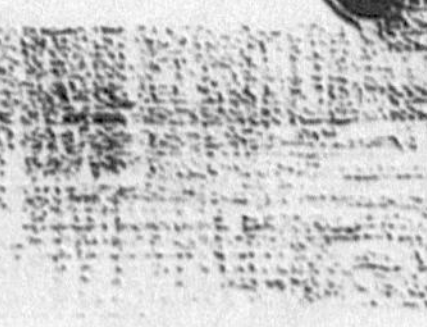

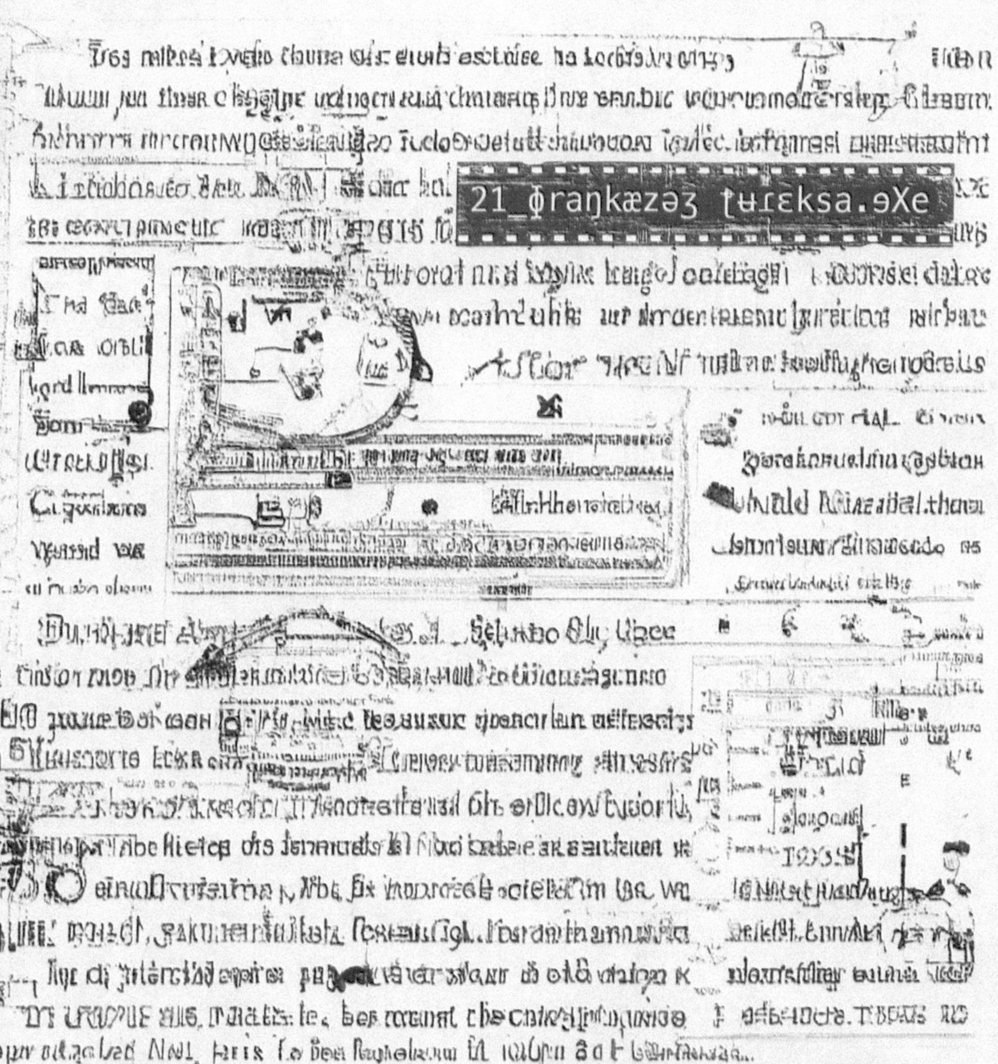

21_ɸraŋkæzəz turɛksa.eXe

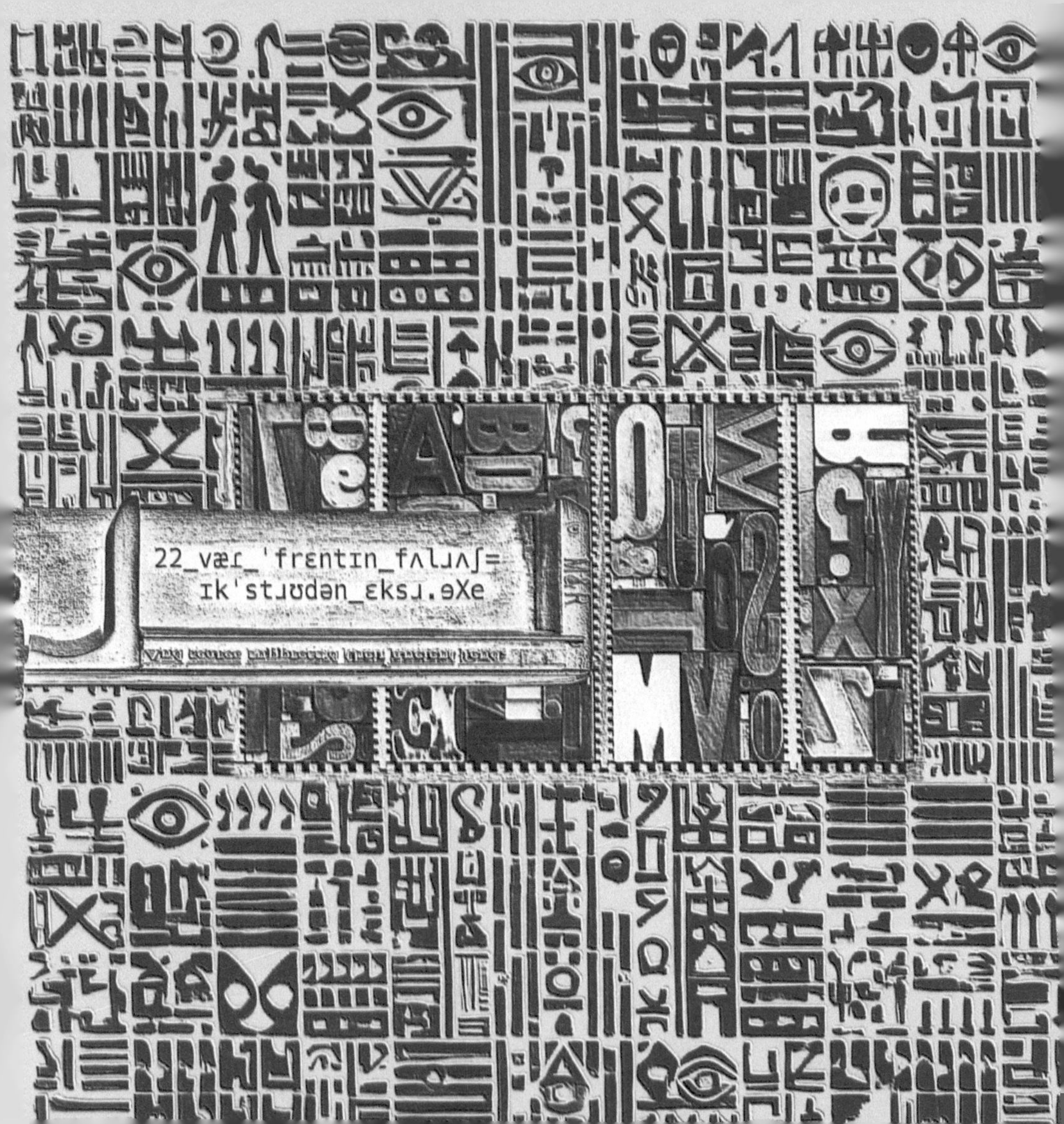
22_vær_'frentɪn_fʌlɹʌʃ=
ɪk'stɹʊdən_ɛksɹ.əχe

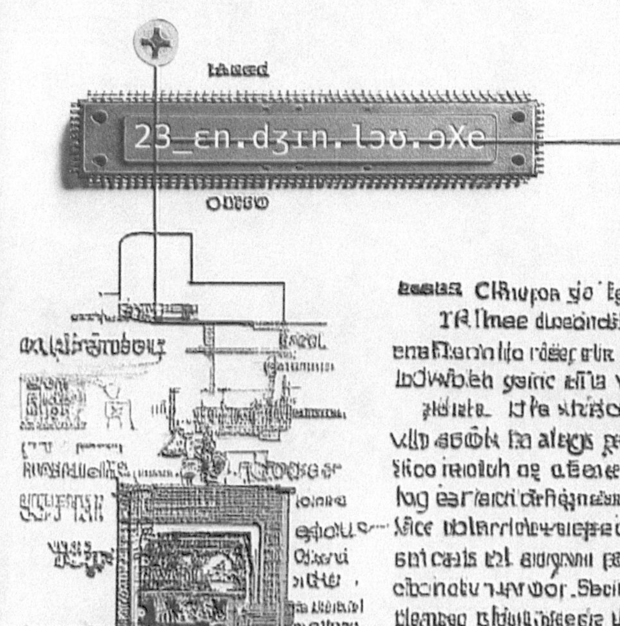

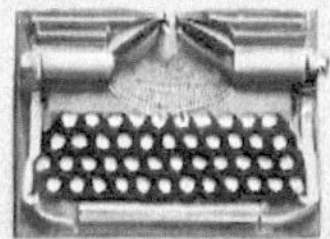

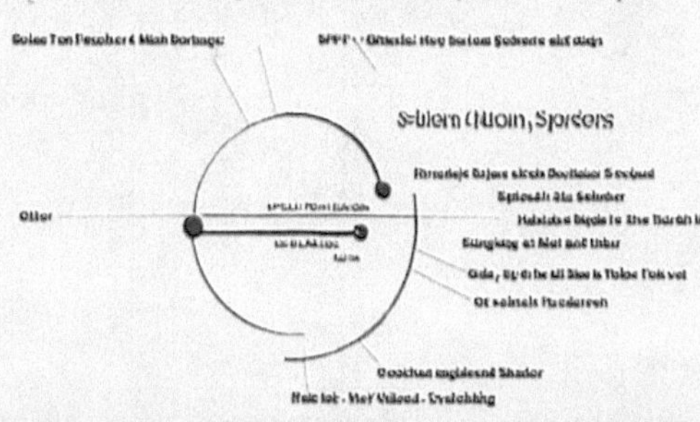

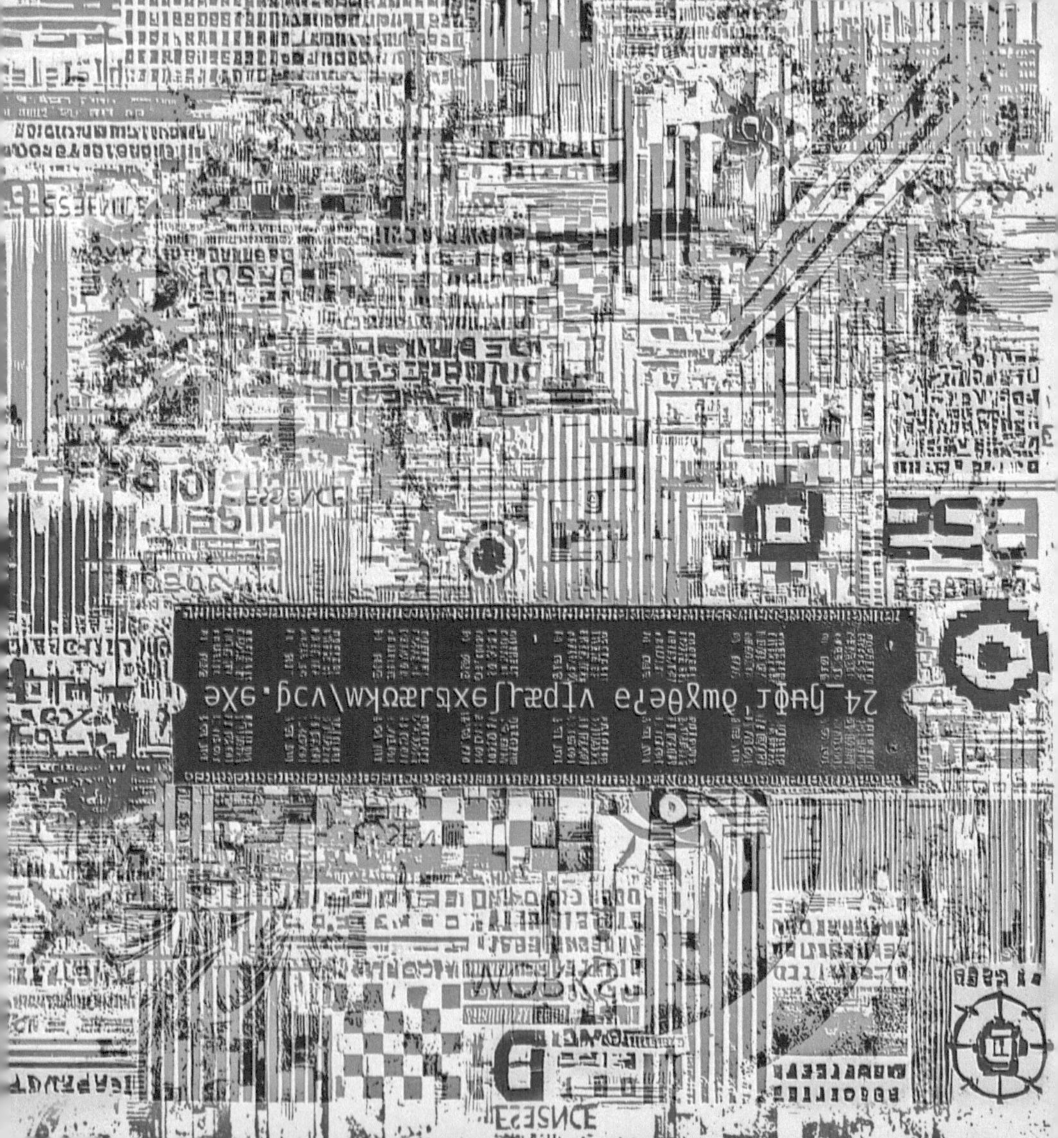

24_ɦʌɔʇ ðʍχθeʔə ʌʇpæ∫əxtɹæʊkm\ʌɔɟ.əXe

[illegible]

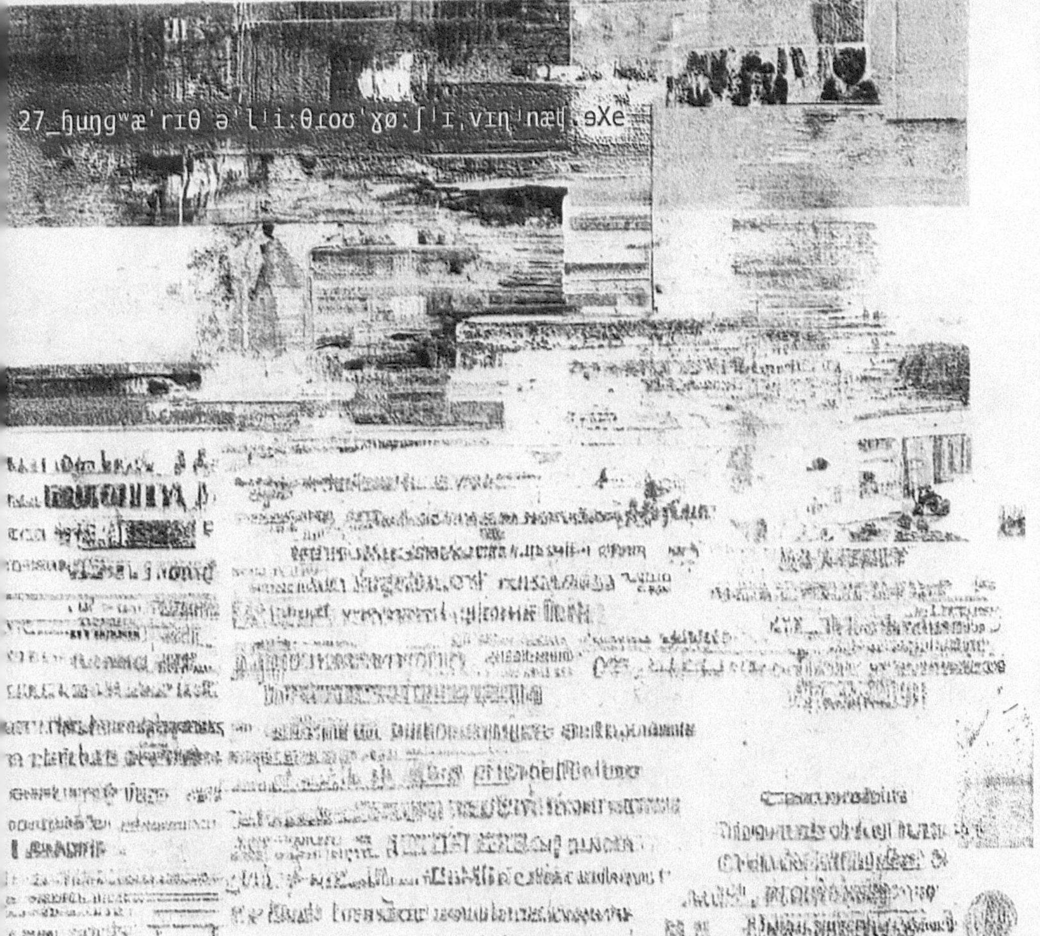

27_ŋuŋgʷæˈrɪθ əˈlˌiːθɹoʊˈɣøːʃˈɪˌvɪŋˈnæʧˌəXe

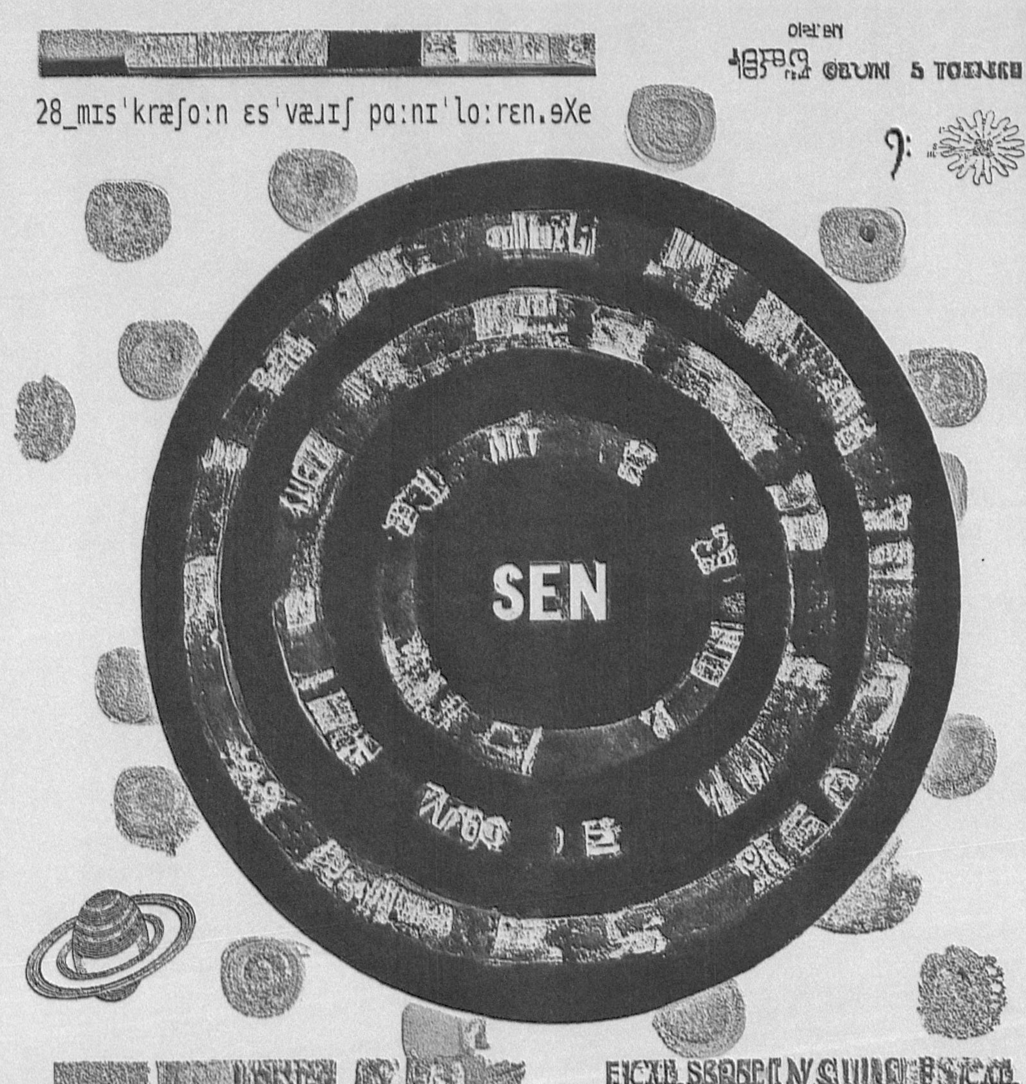
28_mis'kræʃoːn εs'væɹɪʃ paːnɪ'loːɹɛn.əXe
SEN

29_dɪskɹəptɪvˈælɡɔɹɪðm.ˈfɔːltɪˌsɪmˈbɒlɪzəm+kəmˈpjuːtɪdˈkɒnʌpʃən.əXe

M D N N D

H L S P N D

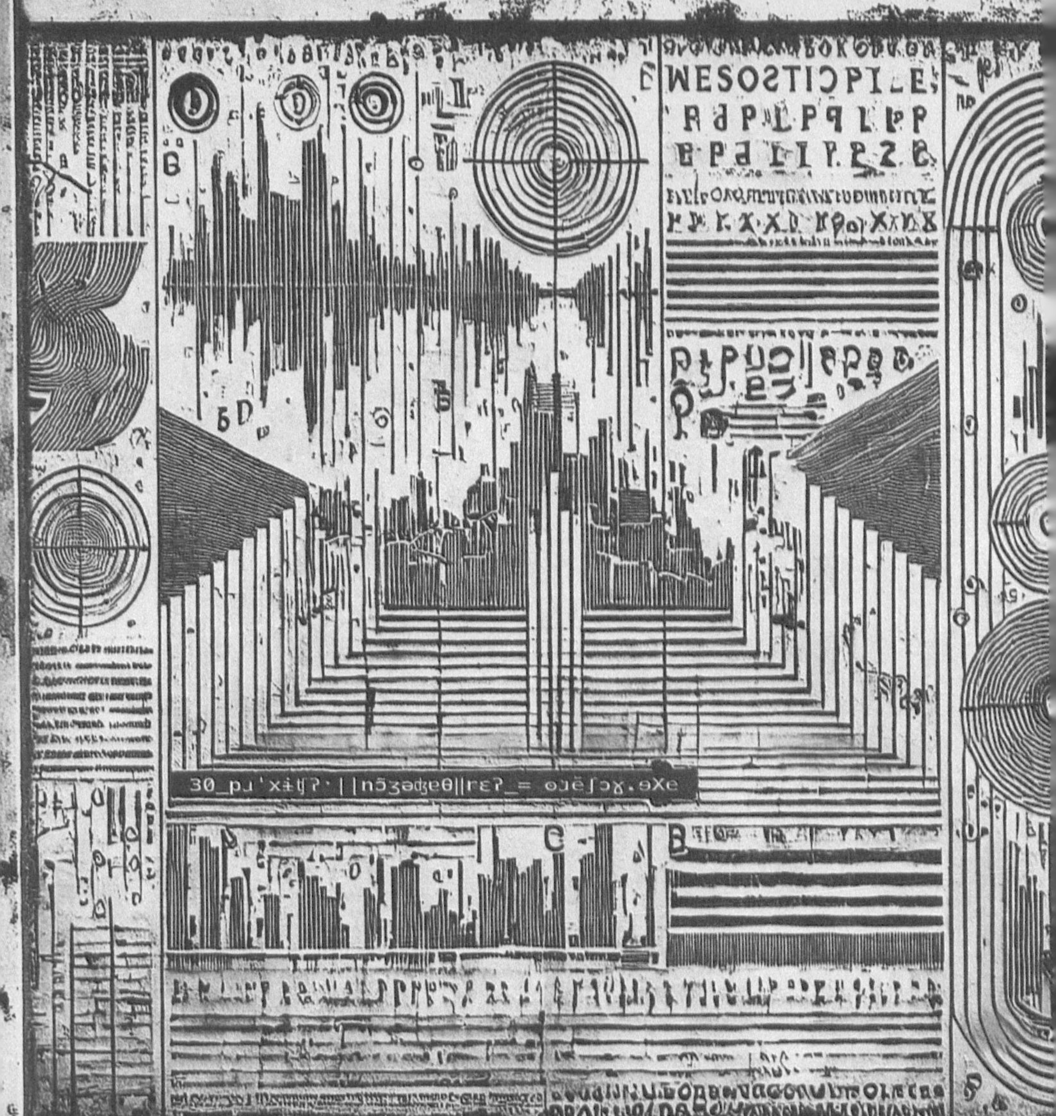

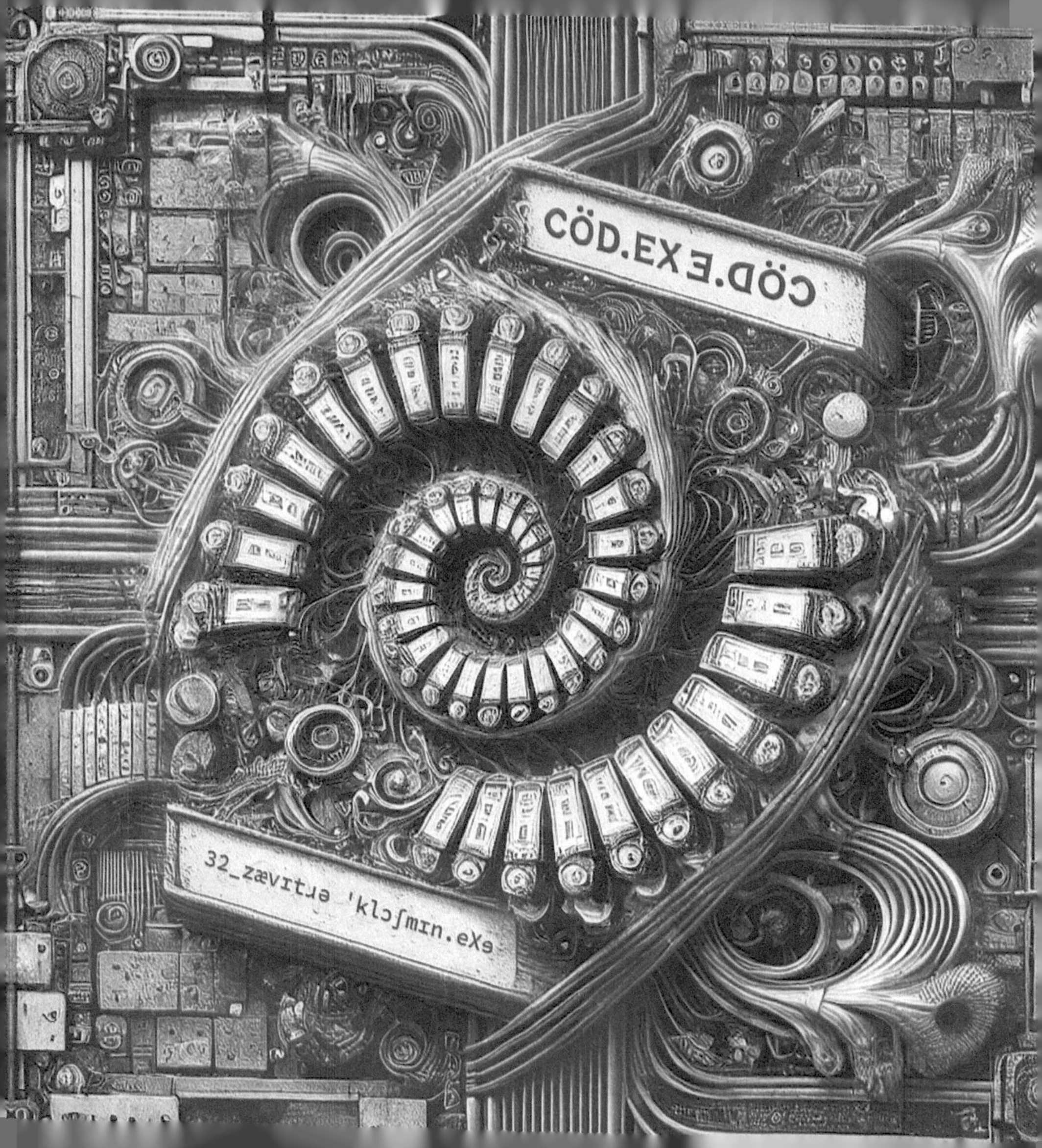
CÖD.EXƎ.ÖꓛꓛCÖD.EXƎ
32_zævɪtɹə ˈkləʃmɪn.eXэ

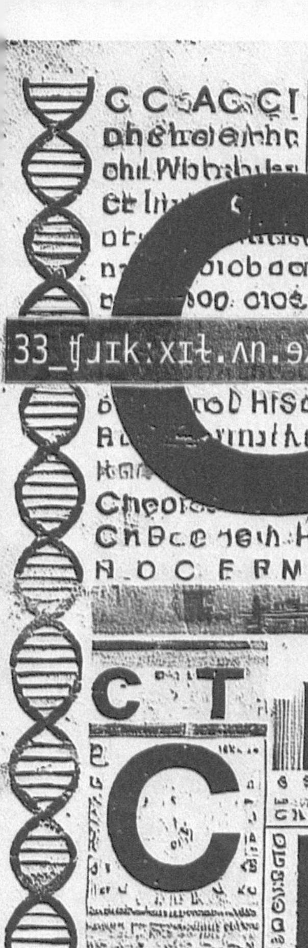

C C A C C I
ENCYCLOPEDIA

C A T
T.U.G

C N

ABCDE GH
GHIKL TZ
OPSTVZ
UVWXYZ

DIA

A
C
N
R
N
X
U
Y
Z

T

34_ΦΙΙΧʃtΙ⊠+ɔmАⅾɔи_ӨvЕи
(RⅢW)ꟻø2ɢℍ℧.ӘХӘ
ƎVE REICH

ST

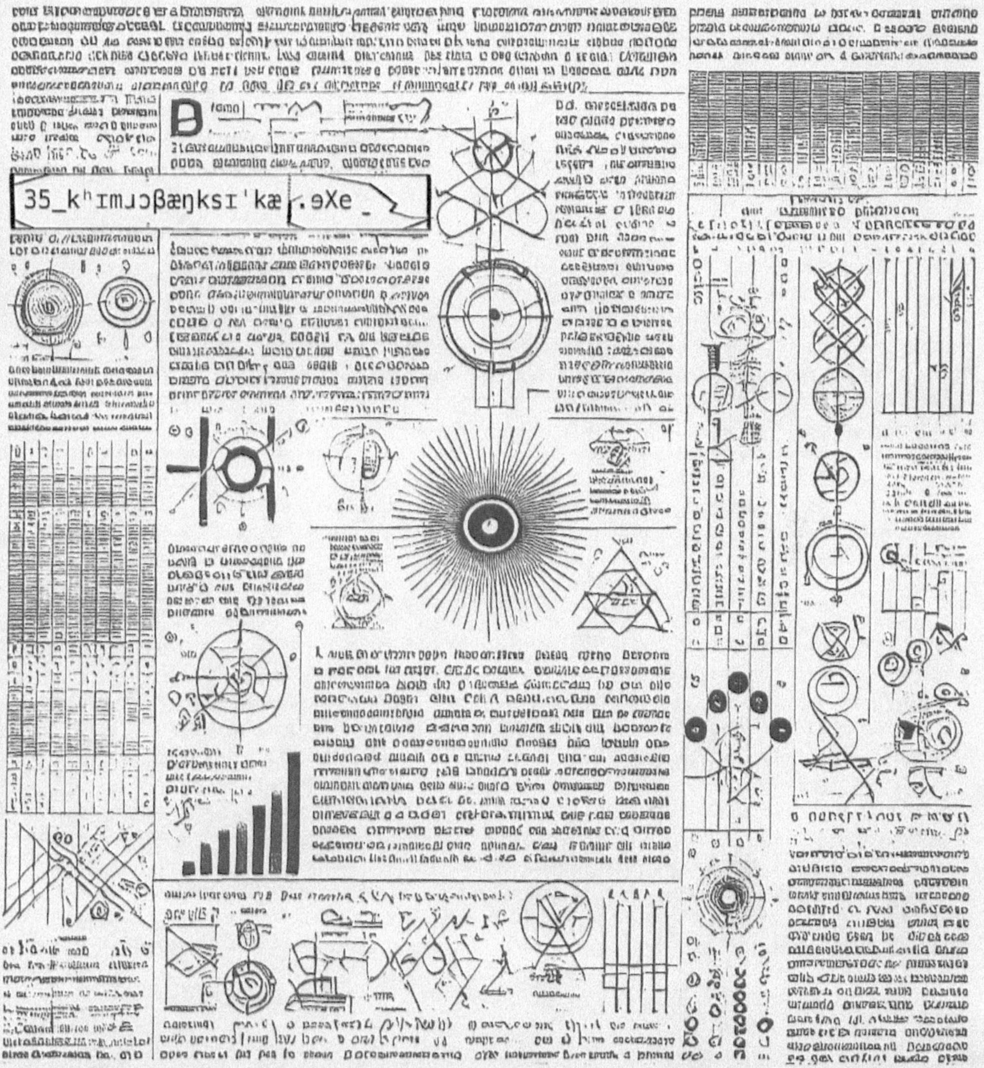
35_kʰɪmʊɔβæŋksɪˈkæ.eXe

36_i:'βen'ʤextaŋ+4fιcιz'tɔʃʃɛ=ɑl'ɪtɑp.əxe

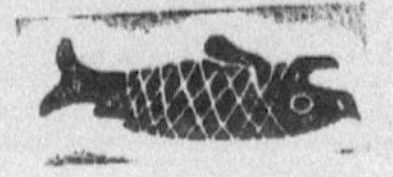

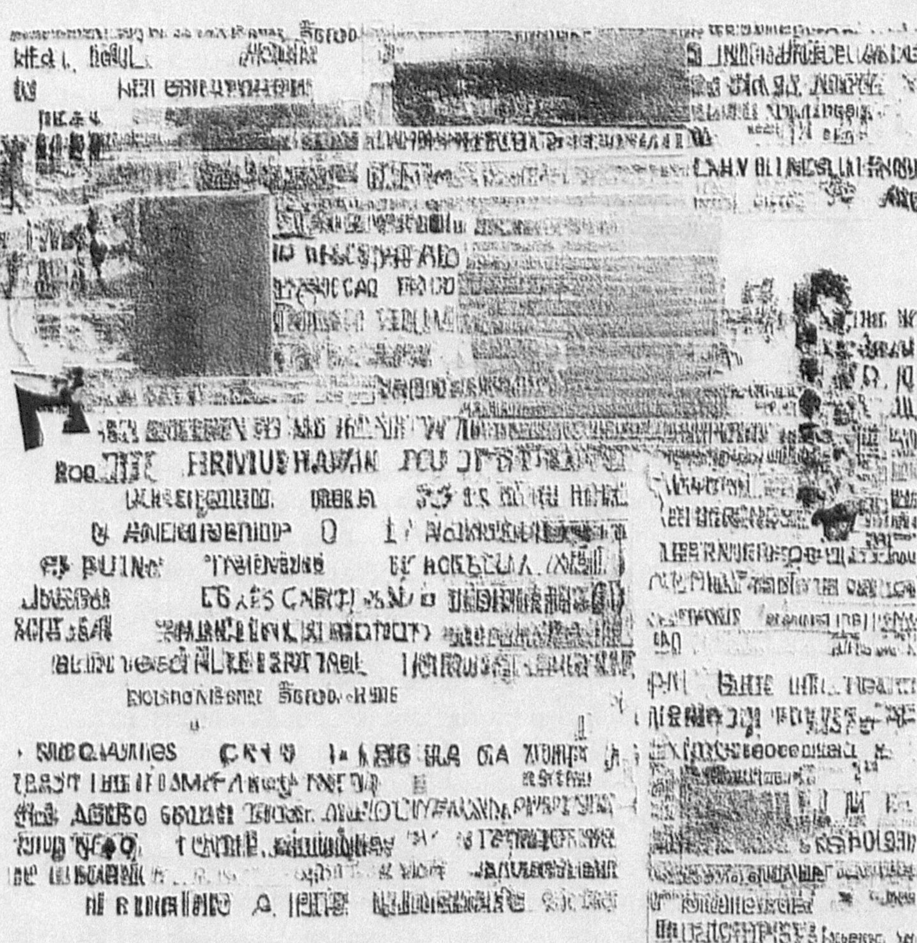

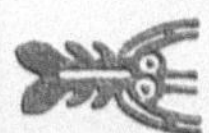

39_kʊɹɪf.ventʃɪl.zɪn+'flɪθ.9ælnɑɪ.əXe

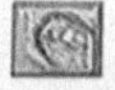

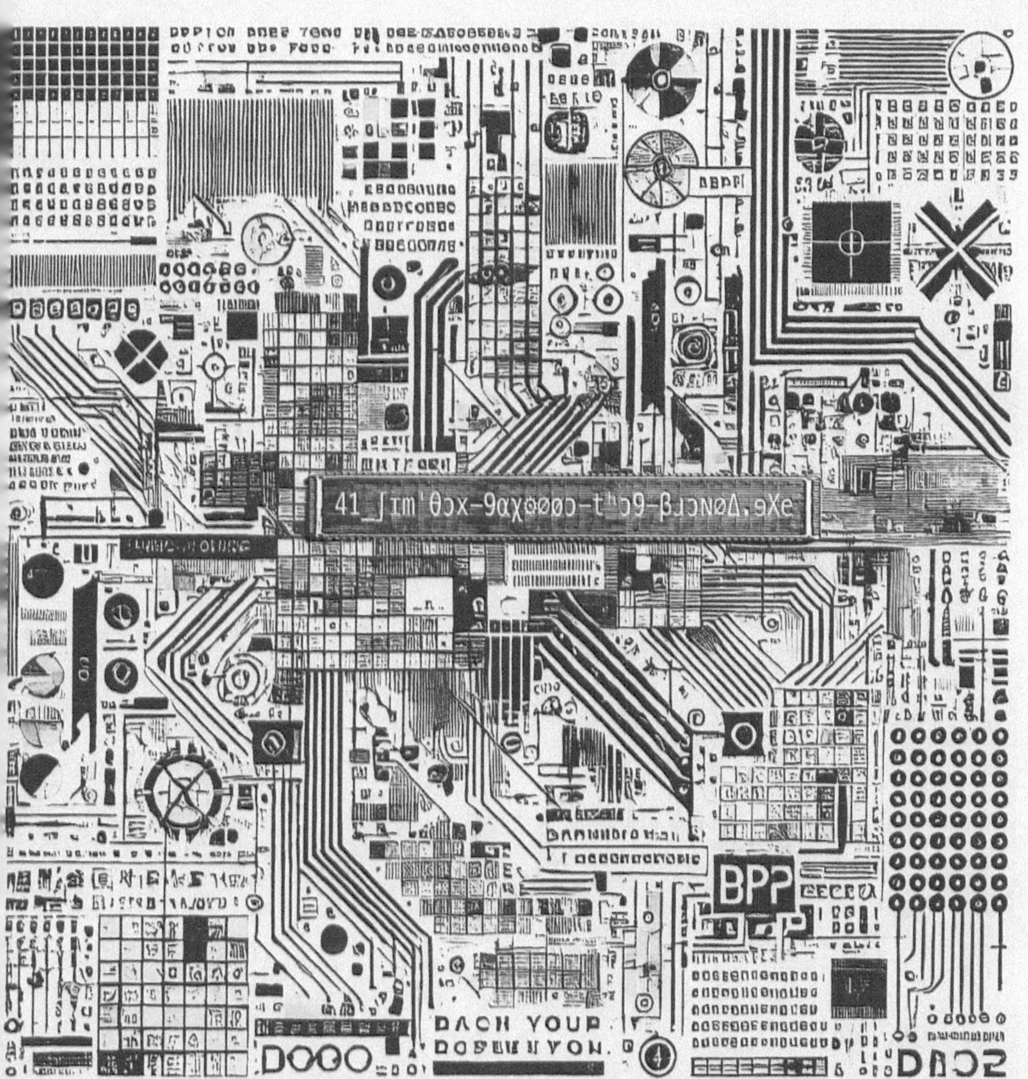

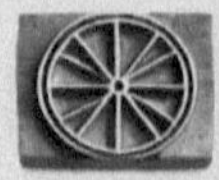
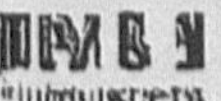

42_xæɪvɪʃ gʊn'sɔlɛm 'vɑʒnɪfoʊ.əχə

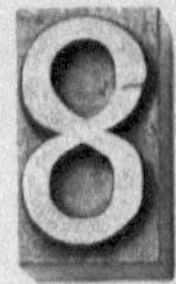

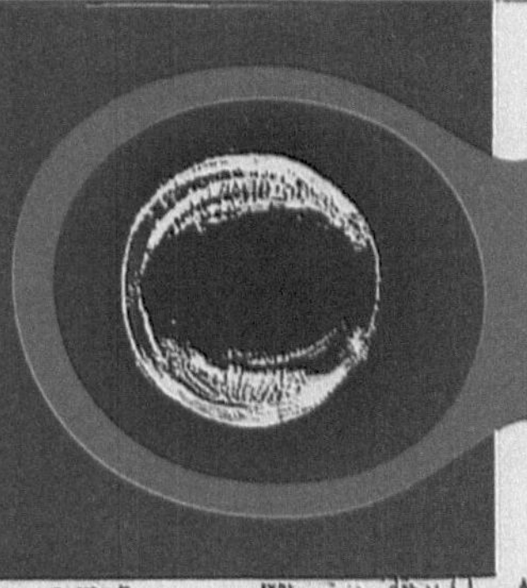

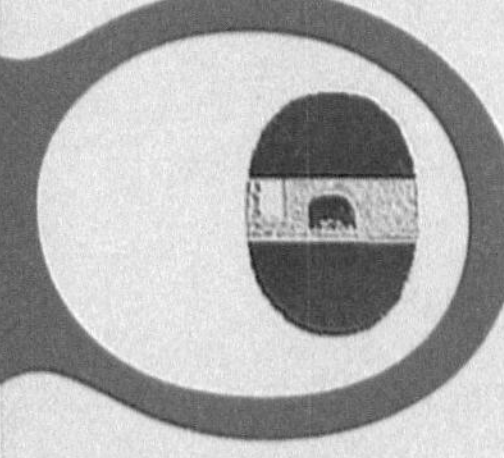

የልሁኑትን ቋንቋዎች ለመተርጎም አልቻለም።

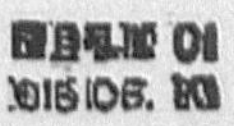

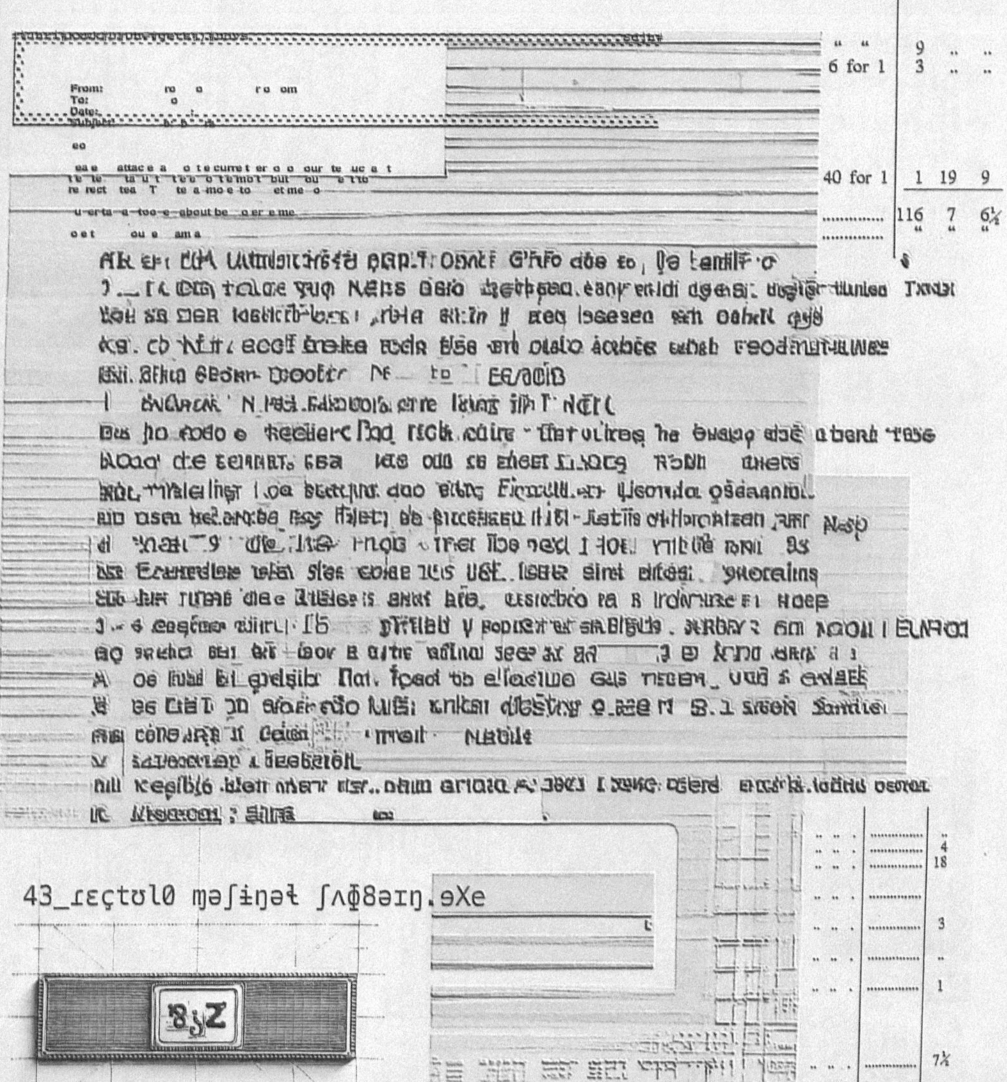

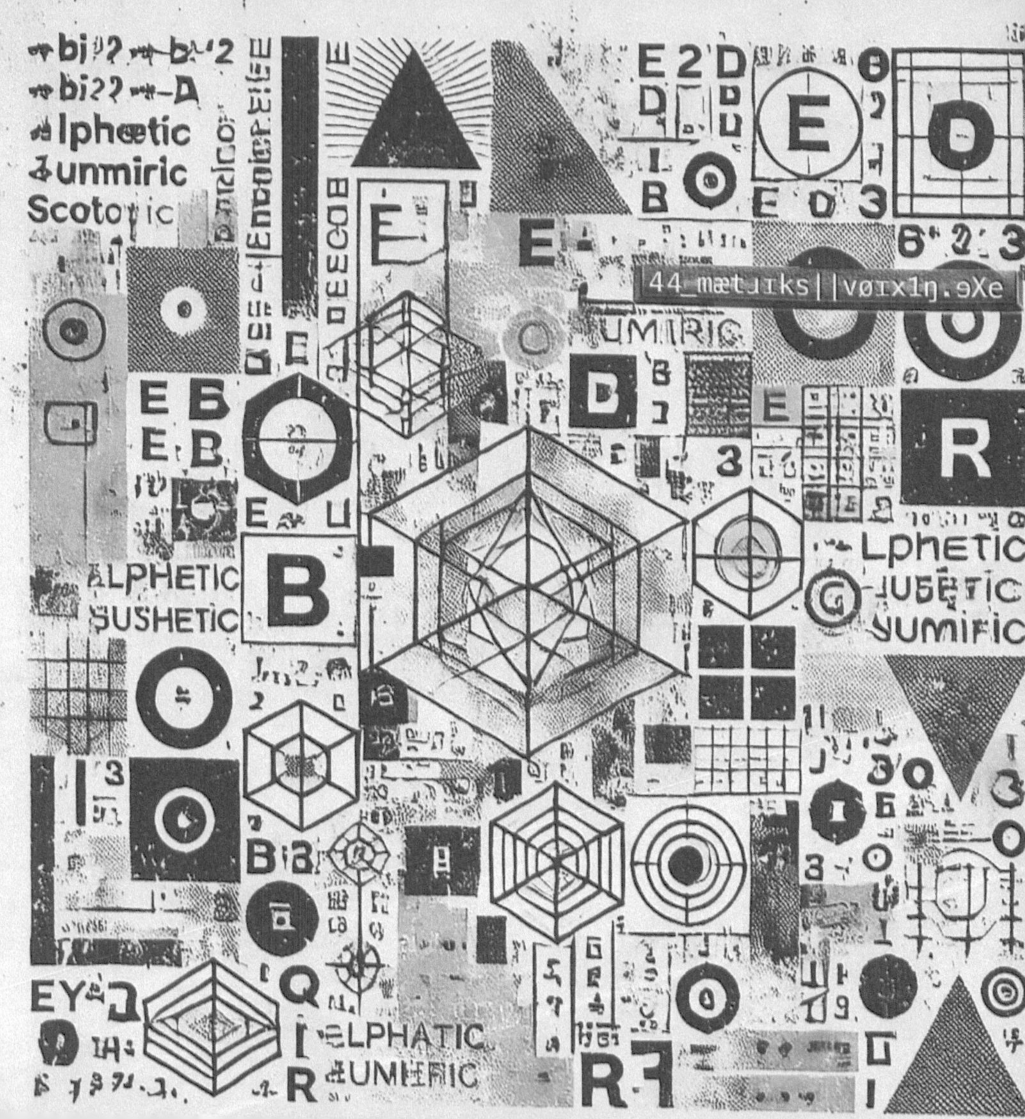

44_mætɹɪks||vøɪxɪŋ.əXe

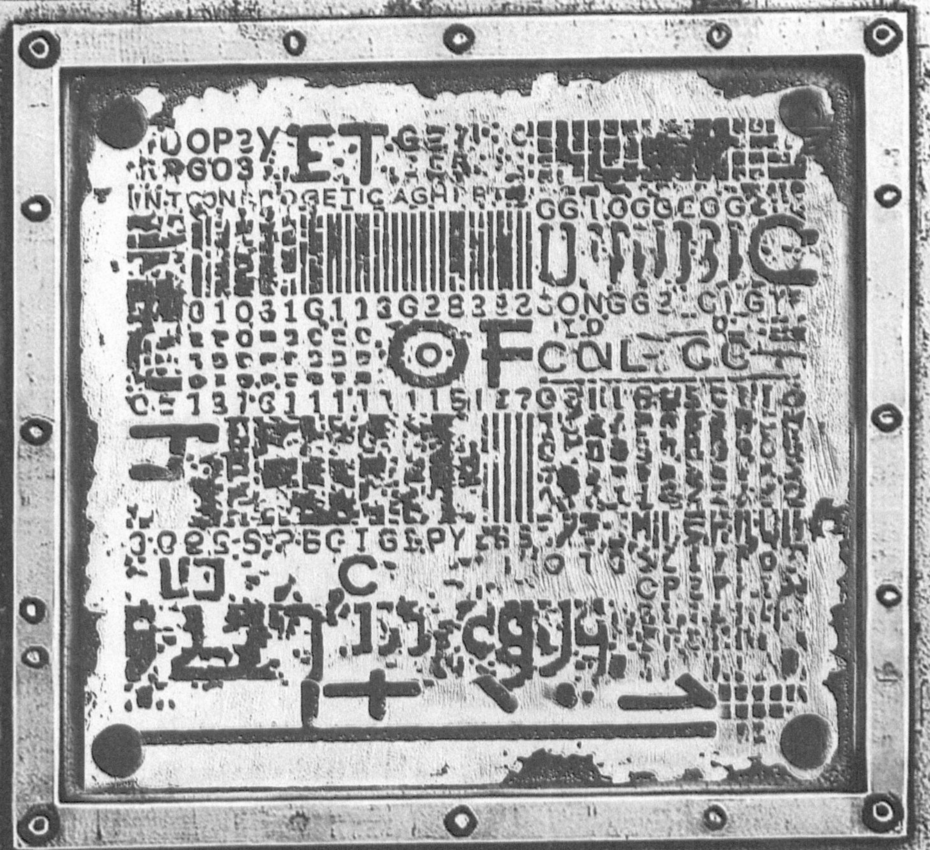

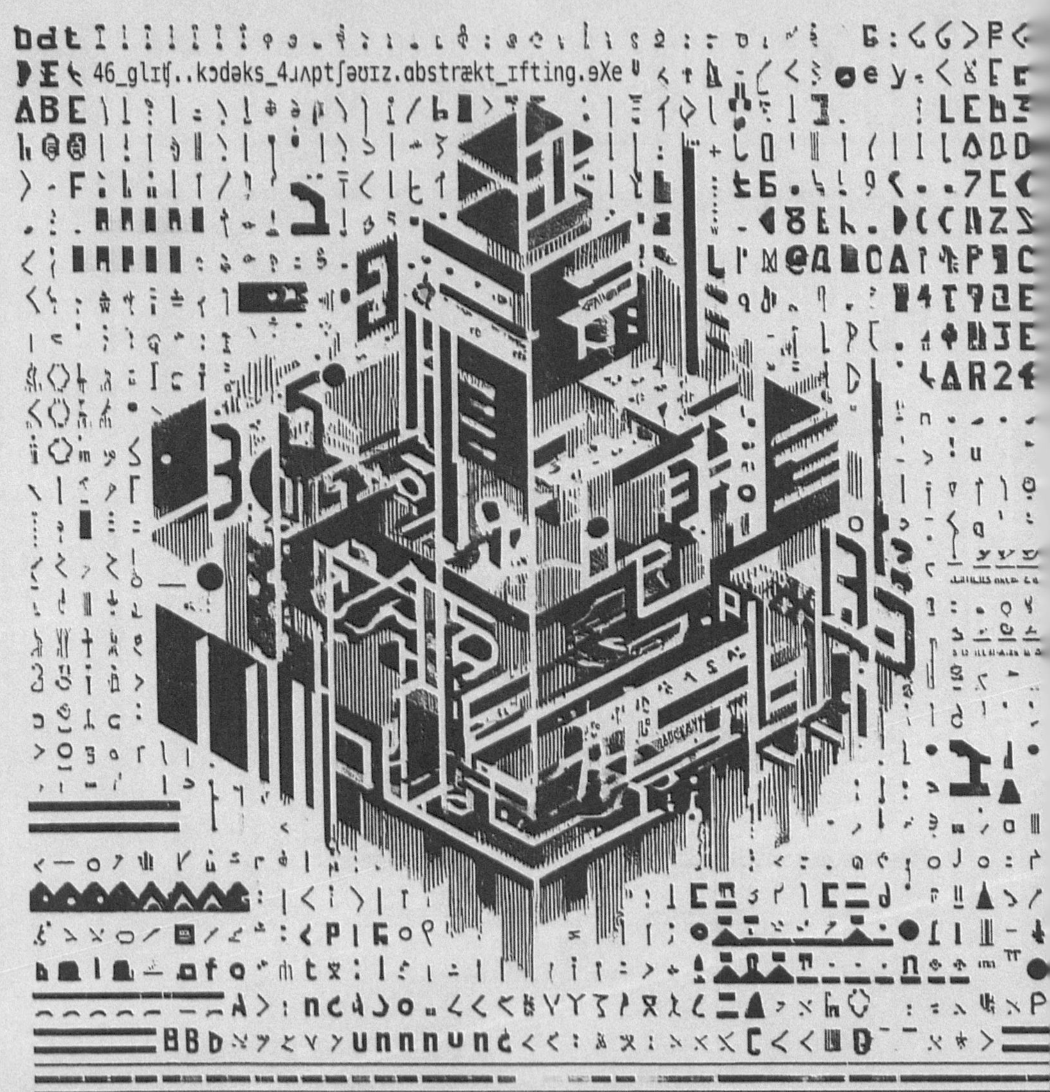
46_glɪʧ..kɔdəks_4ɹʌptʃəʊɪz.abstrækt_ɹfting.əXe

47_dbræ+vənik|fɛɪkɪs=pɪ'touʒa.əXe

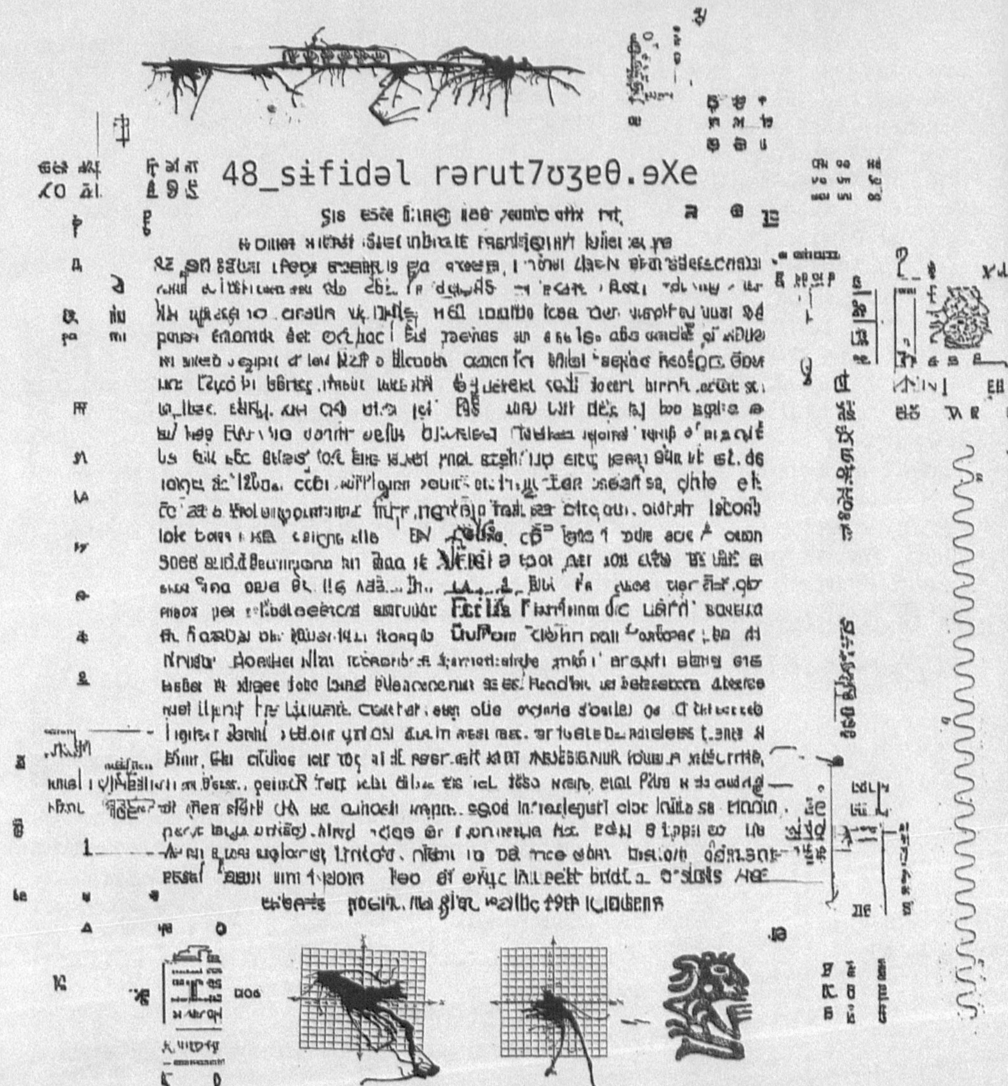

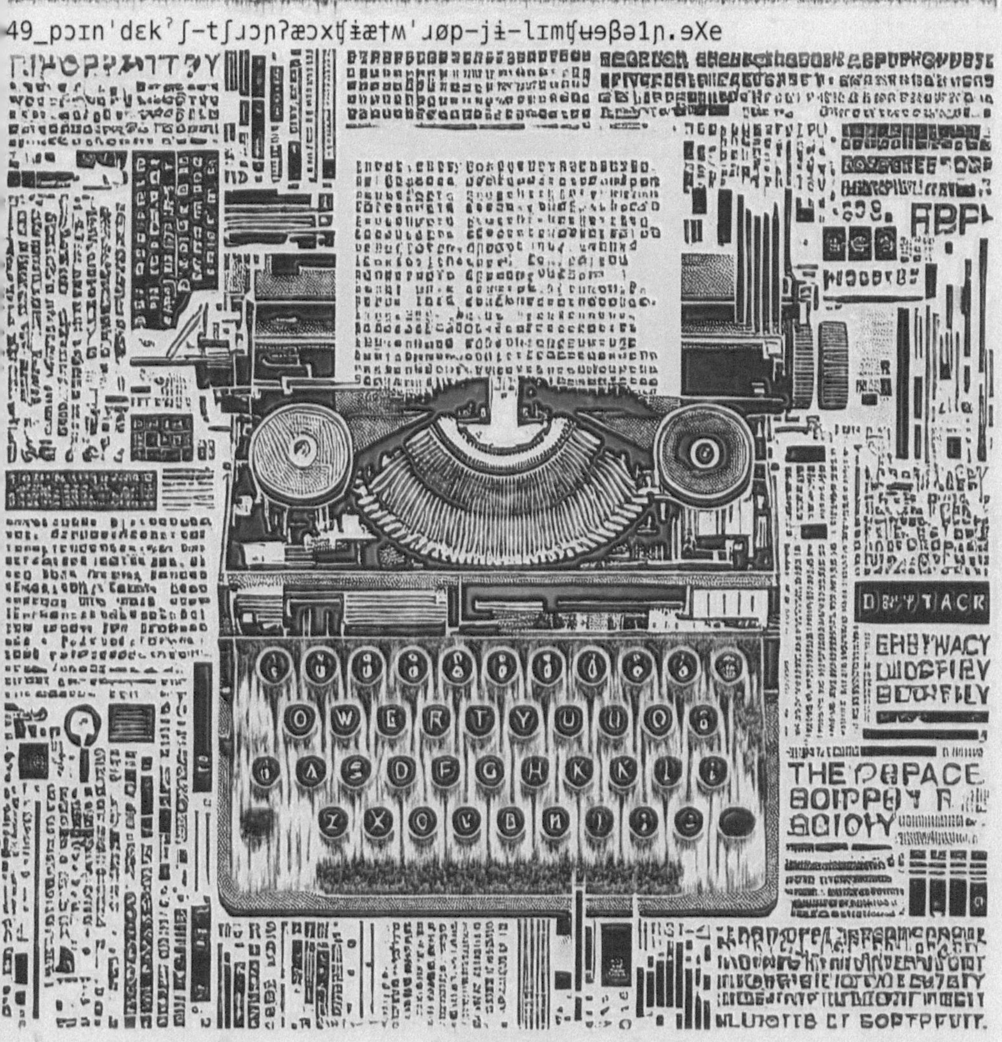

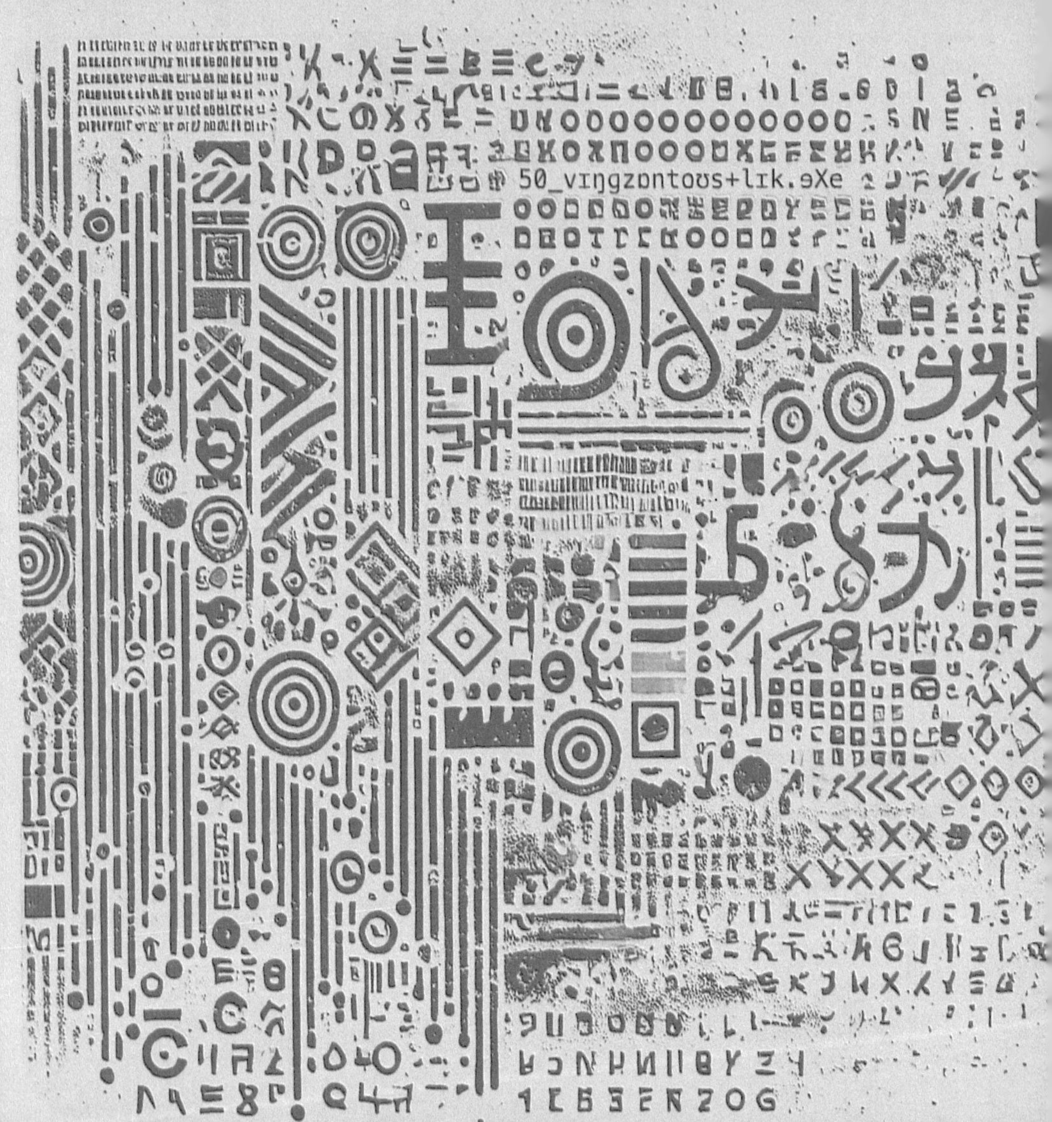
50_vingzontous+lik.9Xe

dbase

ƆAꓷ

bone?

8:

51!

_51_sɪp'ʃɔɸəʃtɛr gßæŋ'ɸuːɹθ ʃɪr'ɸɛndə?.əxe

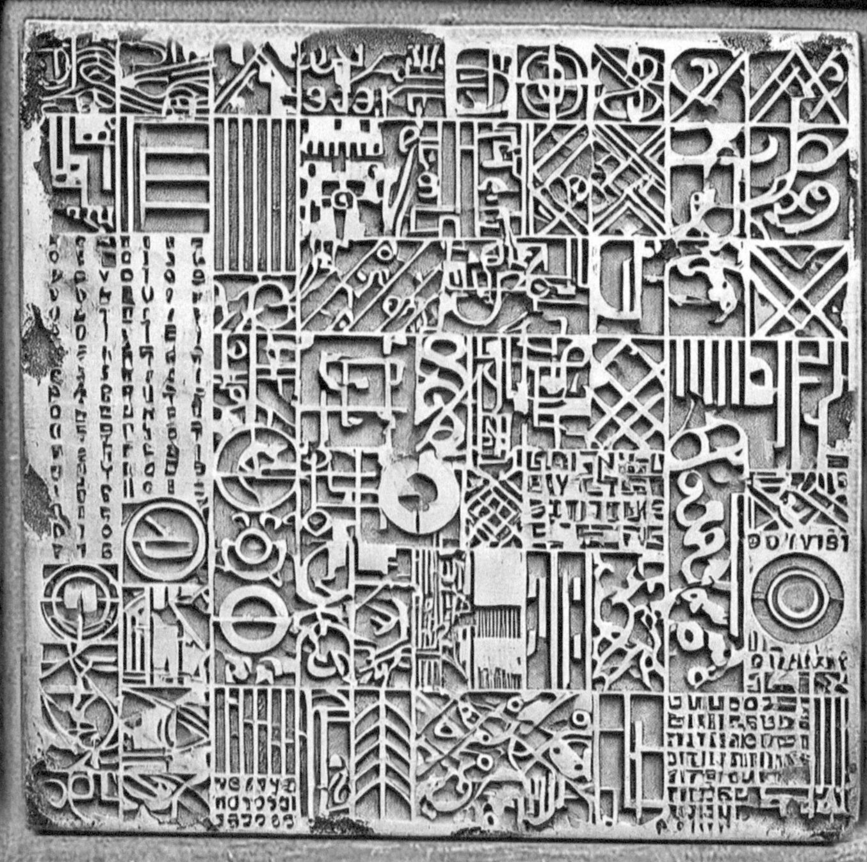

52_ʃæŋklɪɑɾ+nʊl|ʌvˈtɛɪn.əχe

53_klæfɪʃˈznʒwθˈʤɔkʷ.əXe

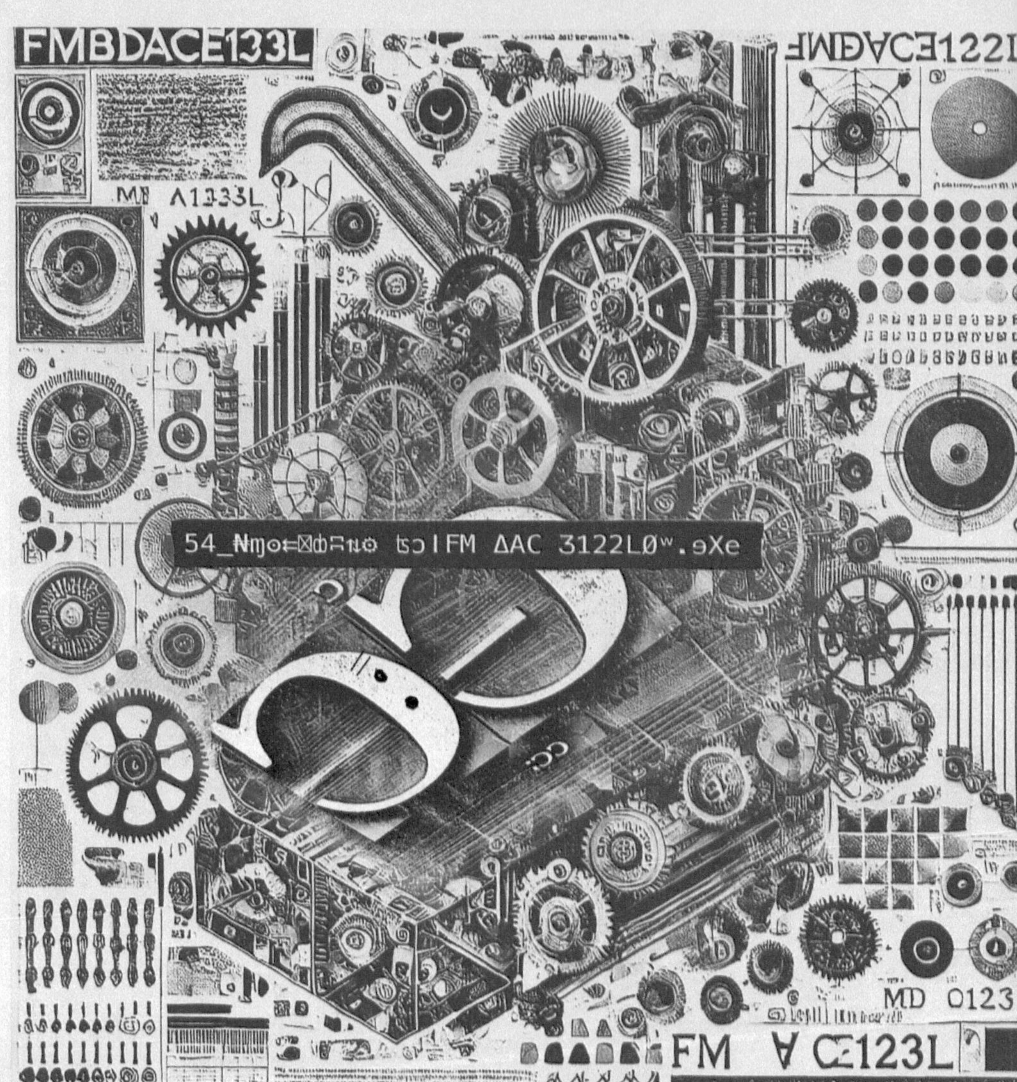

FMBDACE133L
FMBDACE1221
54_Nmo IFM DAC 3122L0w.eXe
MD 0123
FM A C 123L

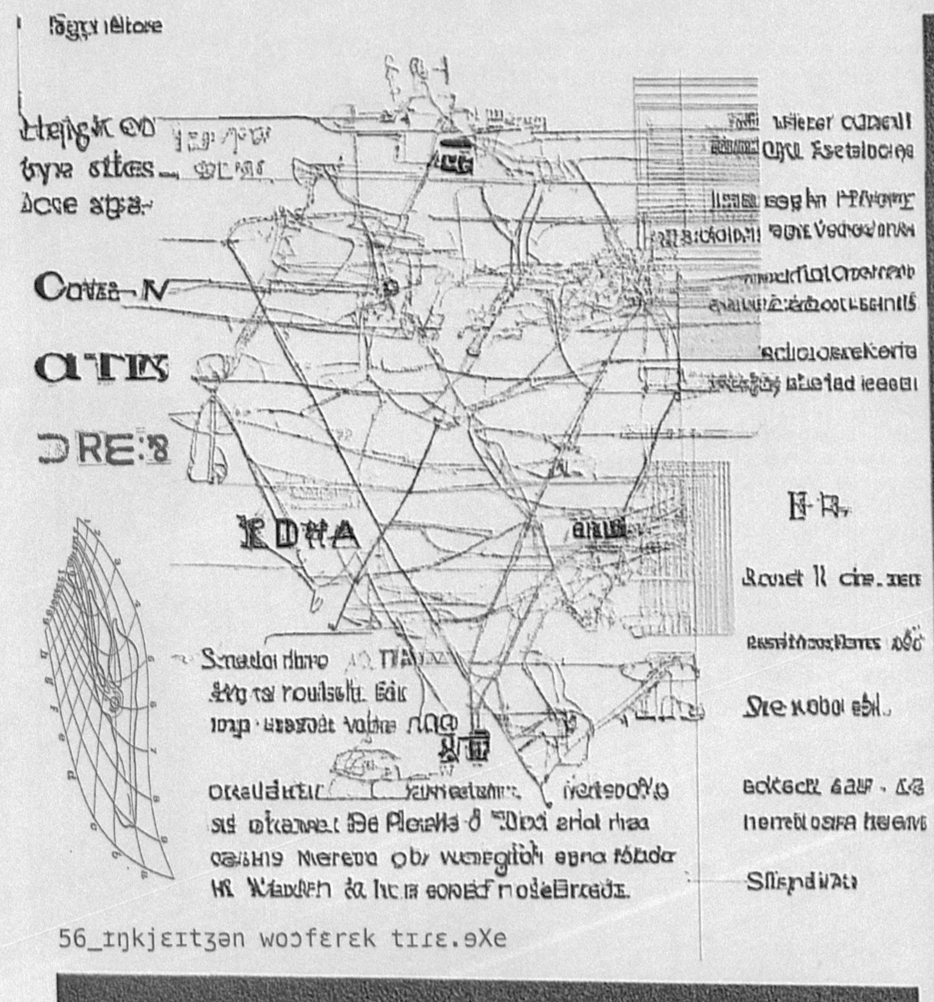

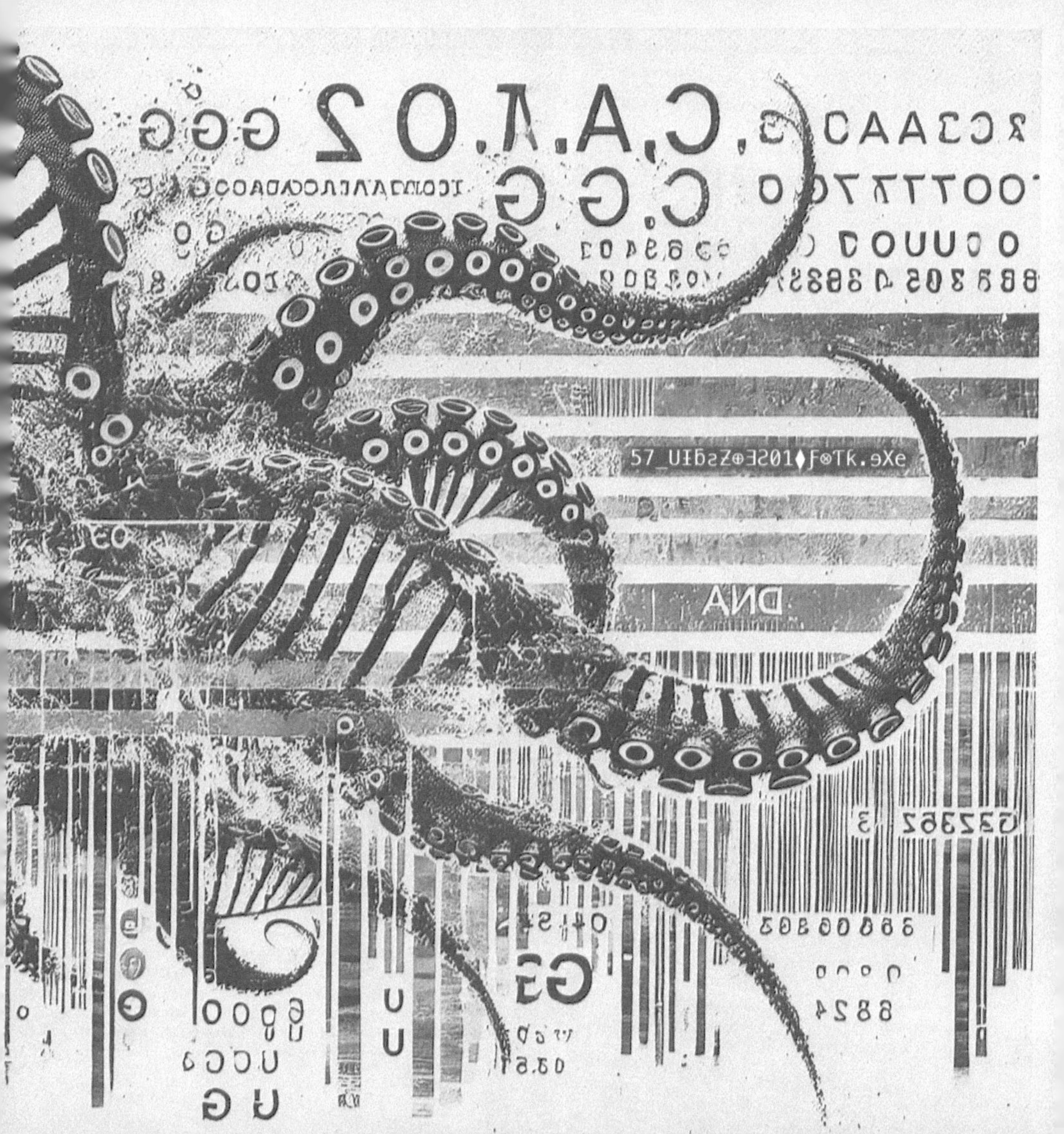

Stpray

58_9hra||en ñyⓍora 2vethid.eXe

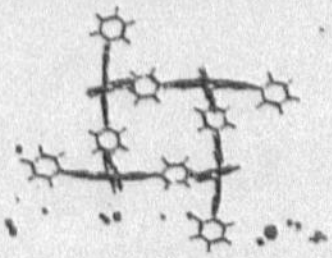

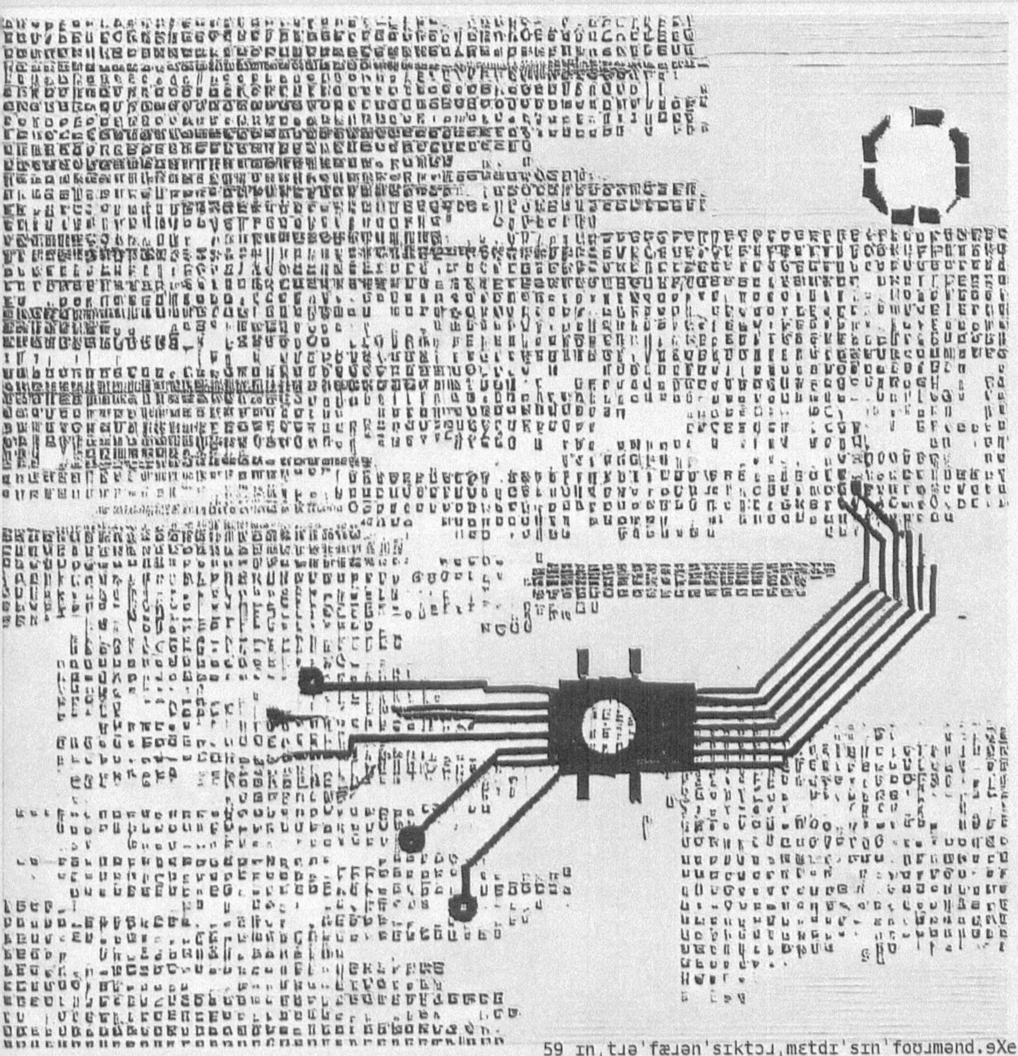

59_ɪnˌtɹəˈfæɹənˌsɪktɔɹˌmɛtdɪˈsɪnˈfoʊɹmənd.əXe

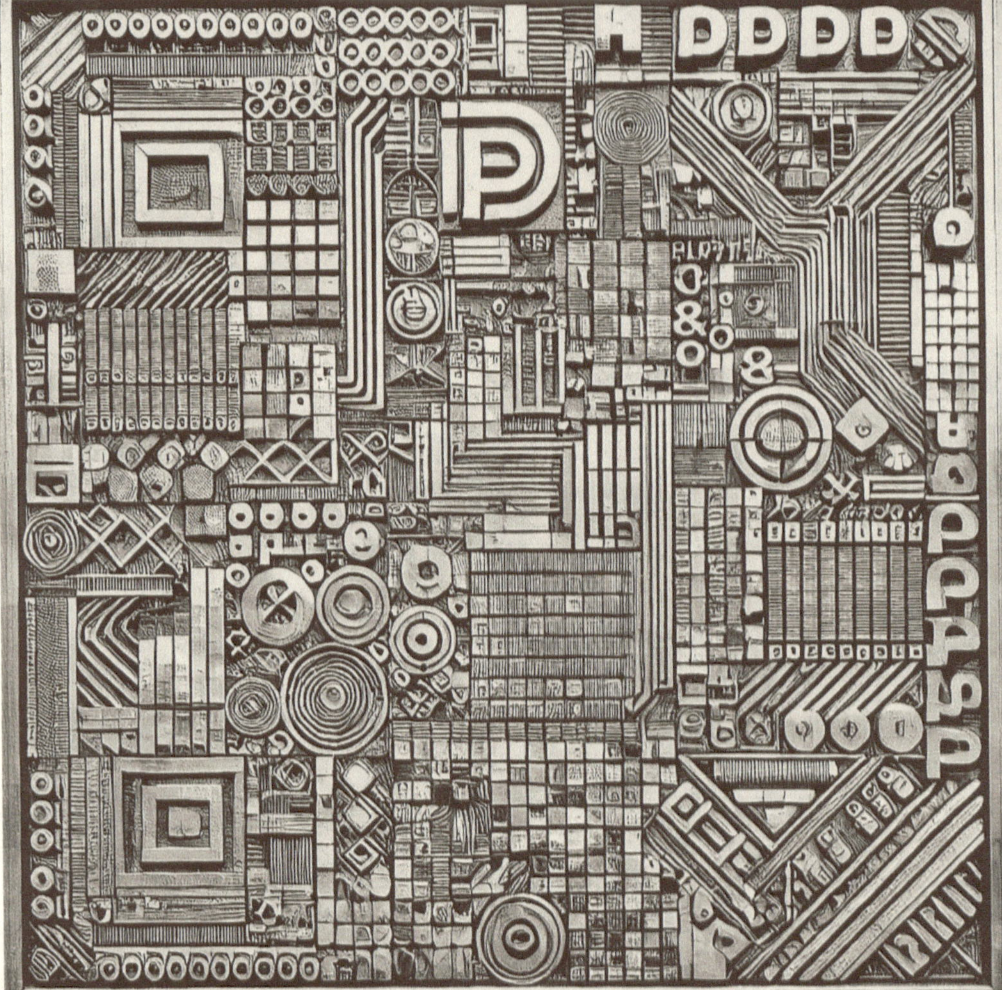

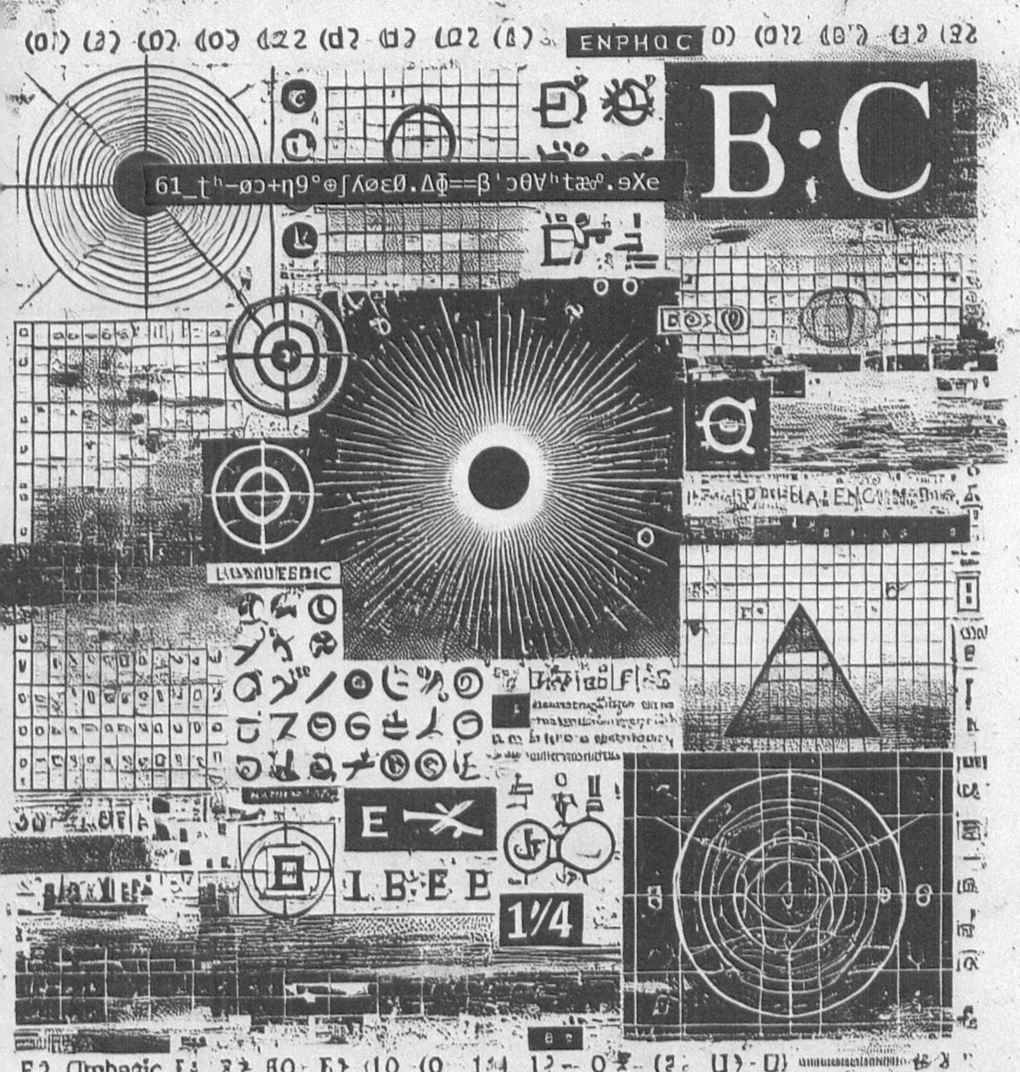

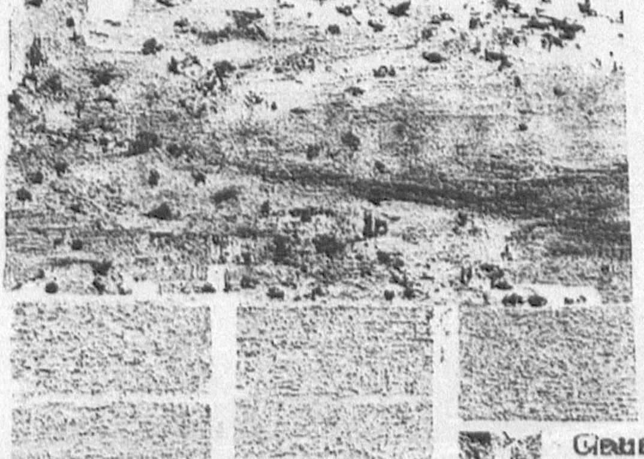

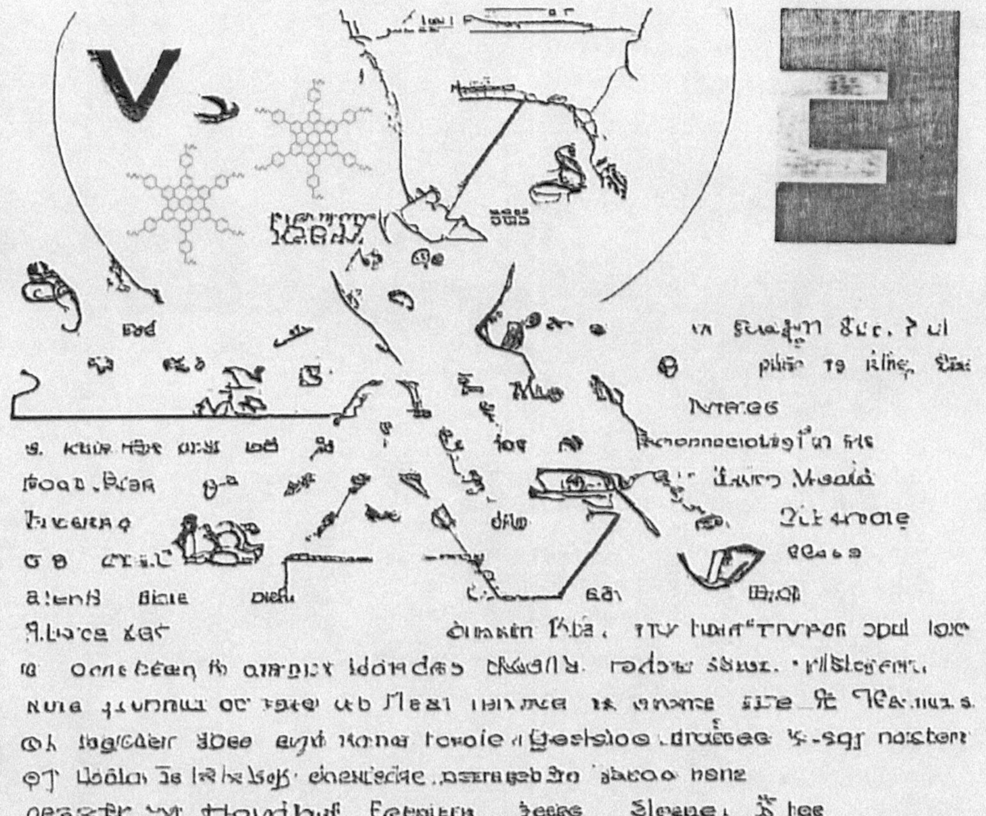

63_glɪtʃkəʊd teɪtləʊvər.eXe

64_syɪnrɛ+ʧɔ:rdzə+fɪktʃərɛnz.əXe

Yyns srrayaiš

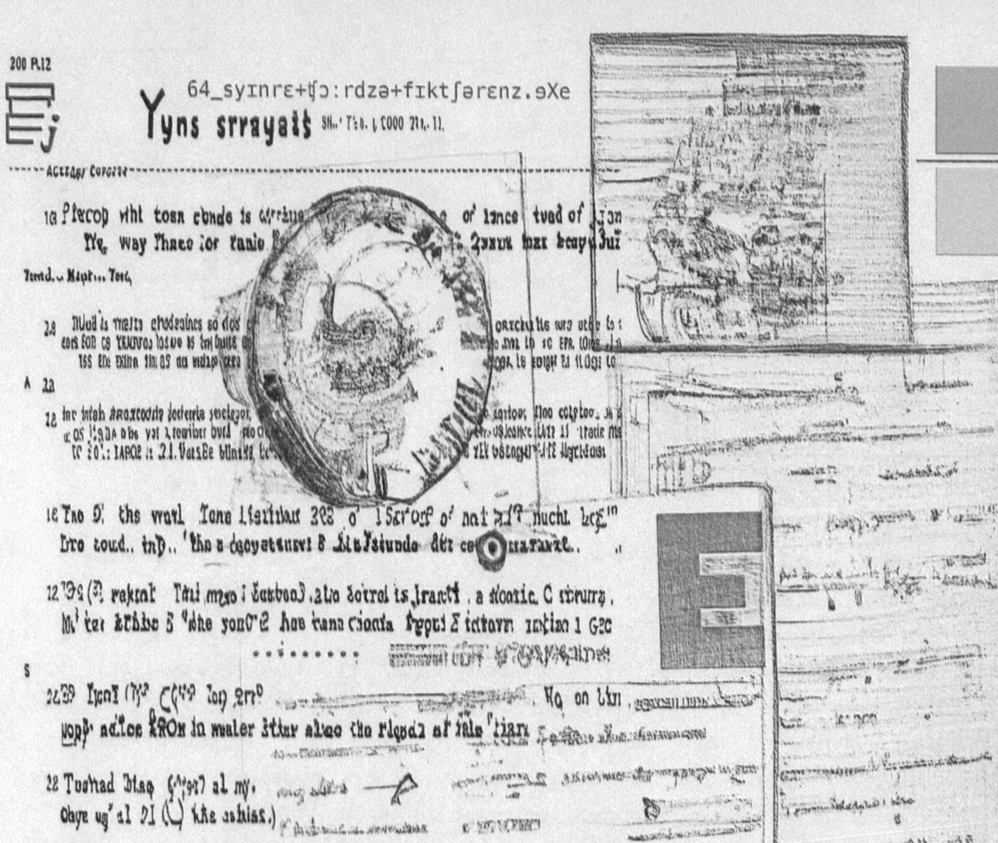

THE INTERNATIONAL PHONETIC ALPHABET

65_ƾ!ifrita W\экаñism0.ехе

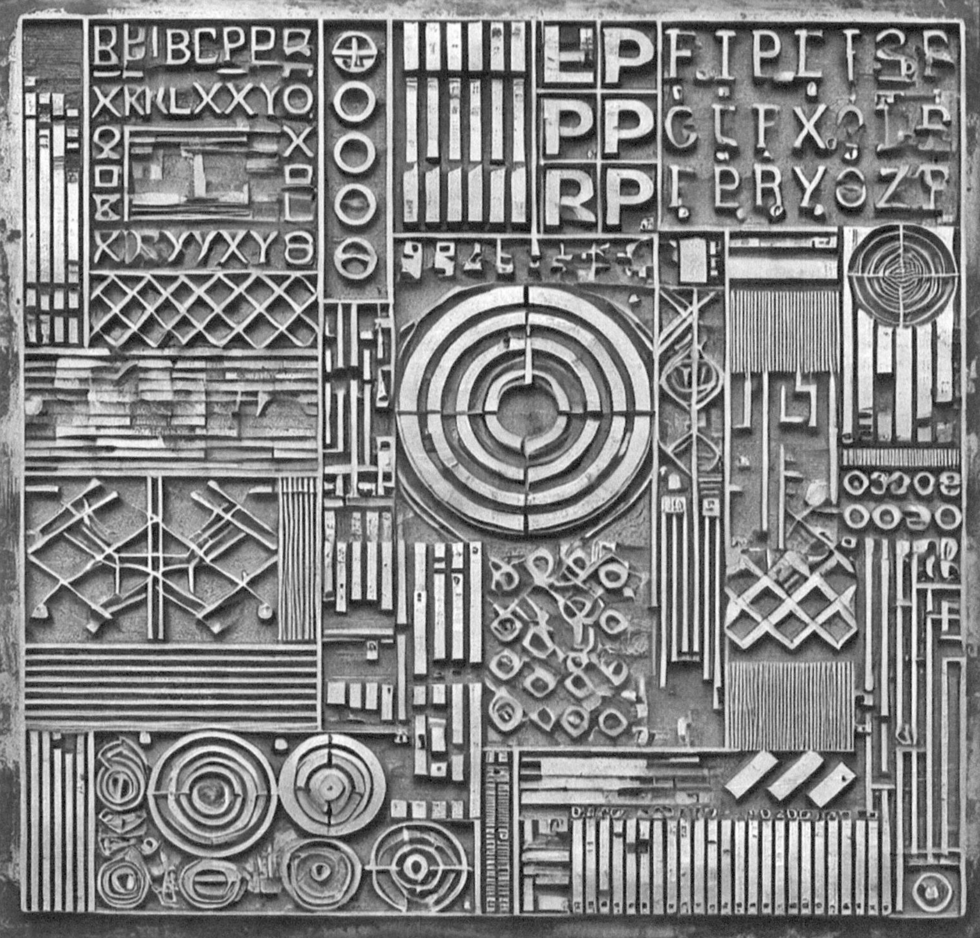
66_ɸɪʃtɛʊ ɔʒænɸʔ Ʒɛvɪˈʧnæs ʃɪtʉ\vvɑrk.əXe

67_9lɪtʃ.t6ɪn,daɪz.sɪnˈtɛksɪs.əXe

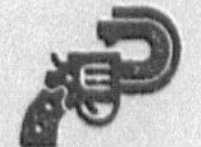

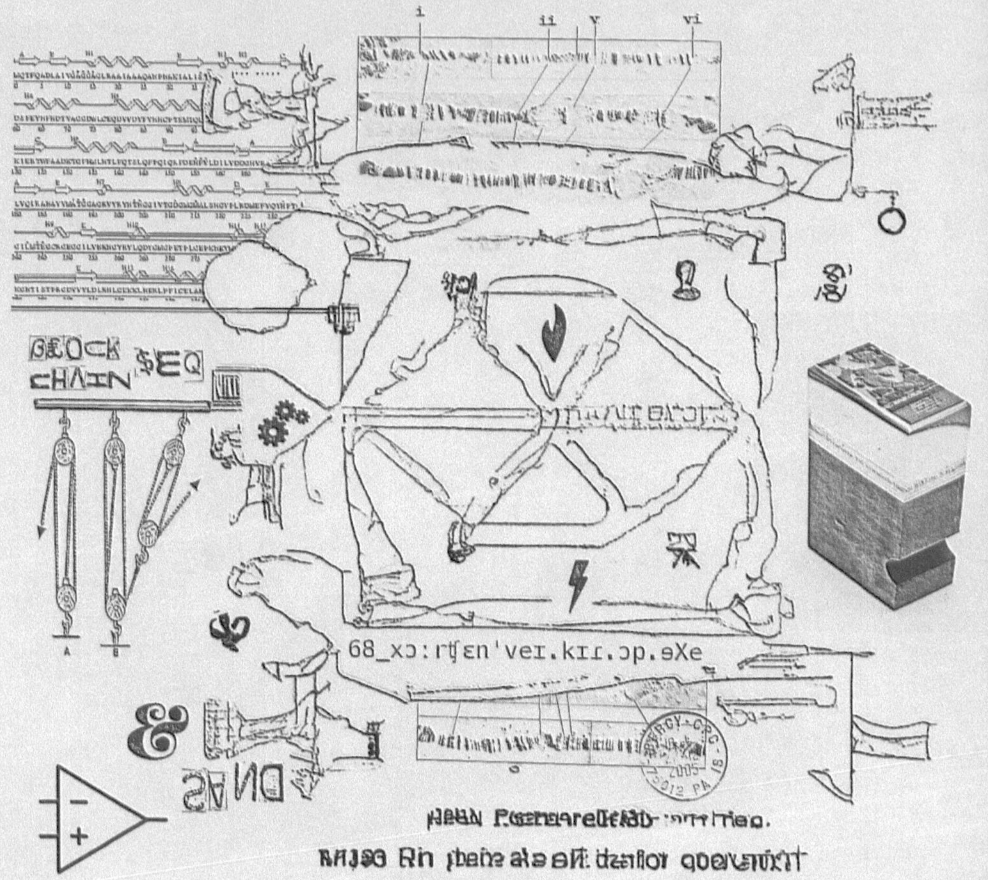

69_myu:vɪzʌəl_intɛɹfiəns.əXe

[illegible]

70_skjæmbald+dɪ'sɒnɒnsʒum8.eXe

[illegible]

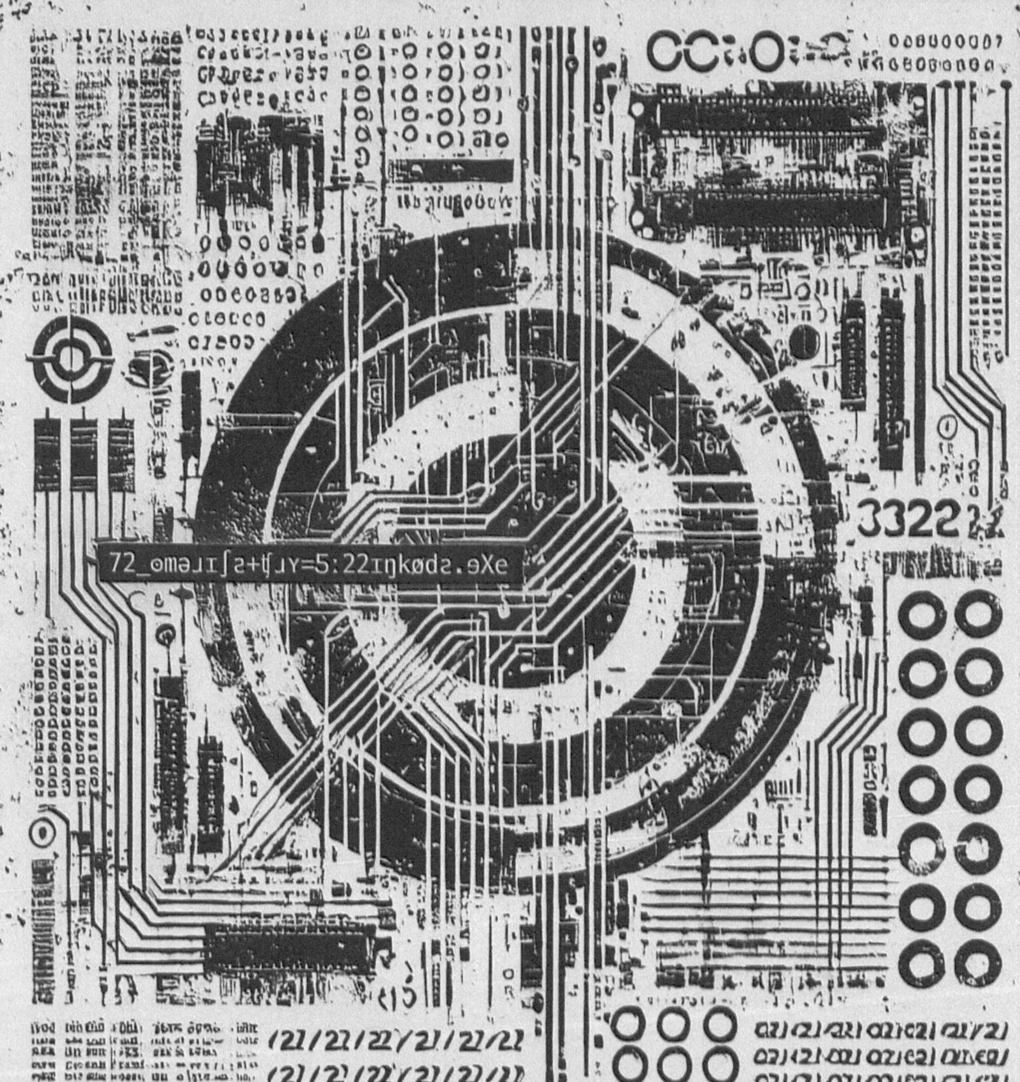

72_omɘɹɪʃɘ+ɟ[ɹⱯ=5:22ɪɳkødꙅ.ɘXɘ
3322

73_kɒmˈpjuːtər ˈɪn.k.əXe

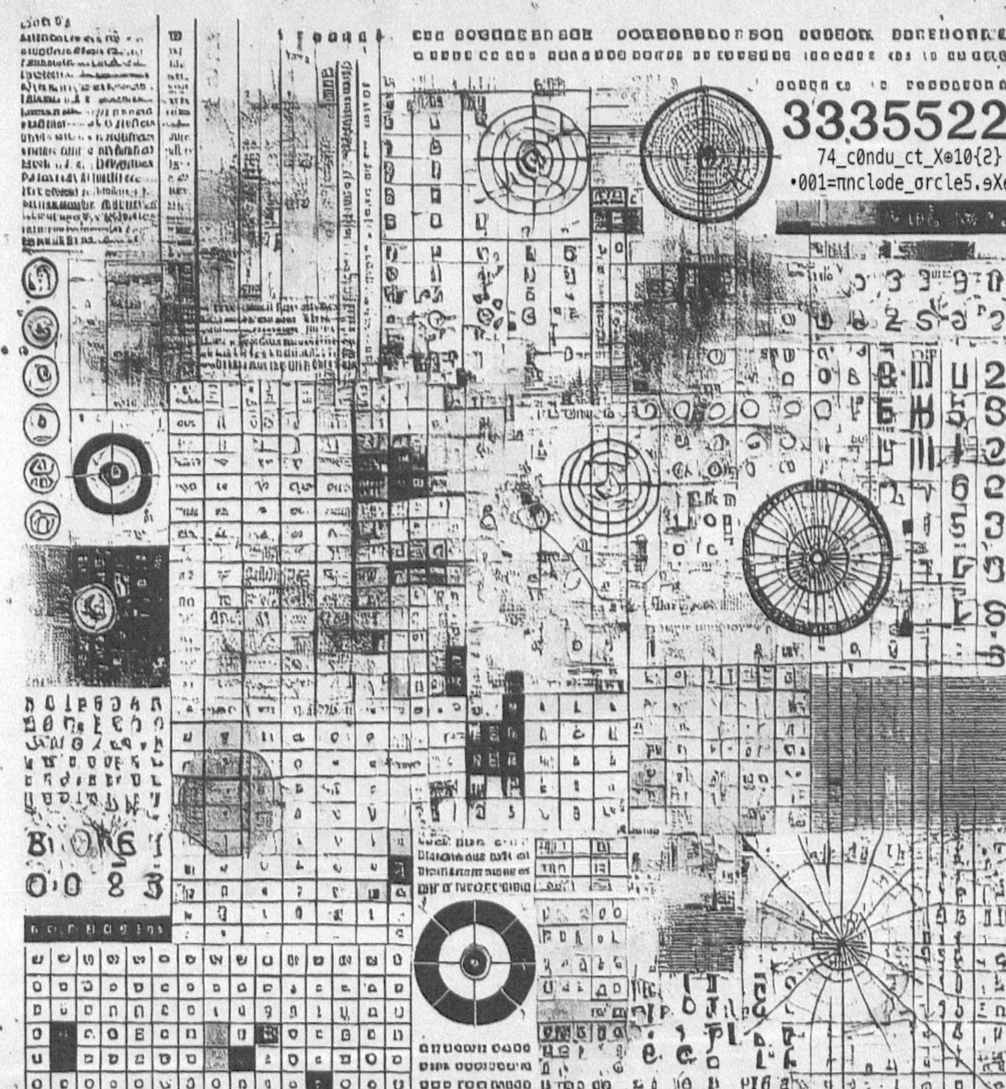

3335522
74_c0ndu_ct_X⊕10{2}
•001=nnclode_orcle5.exe

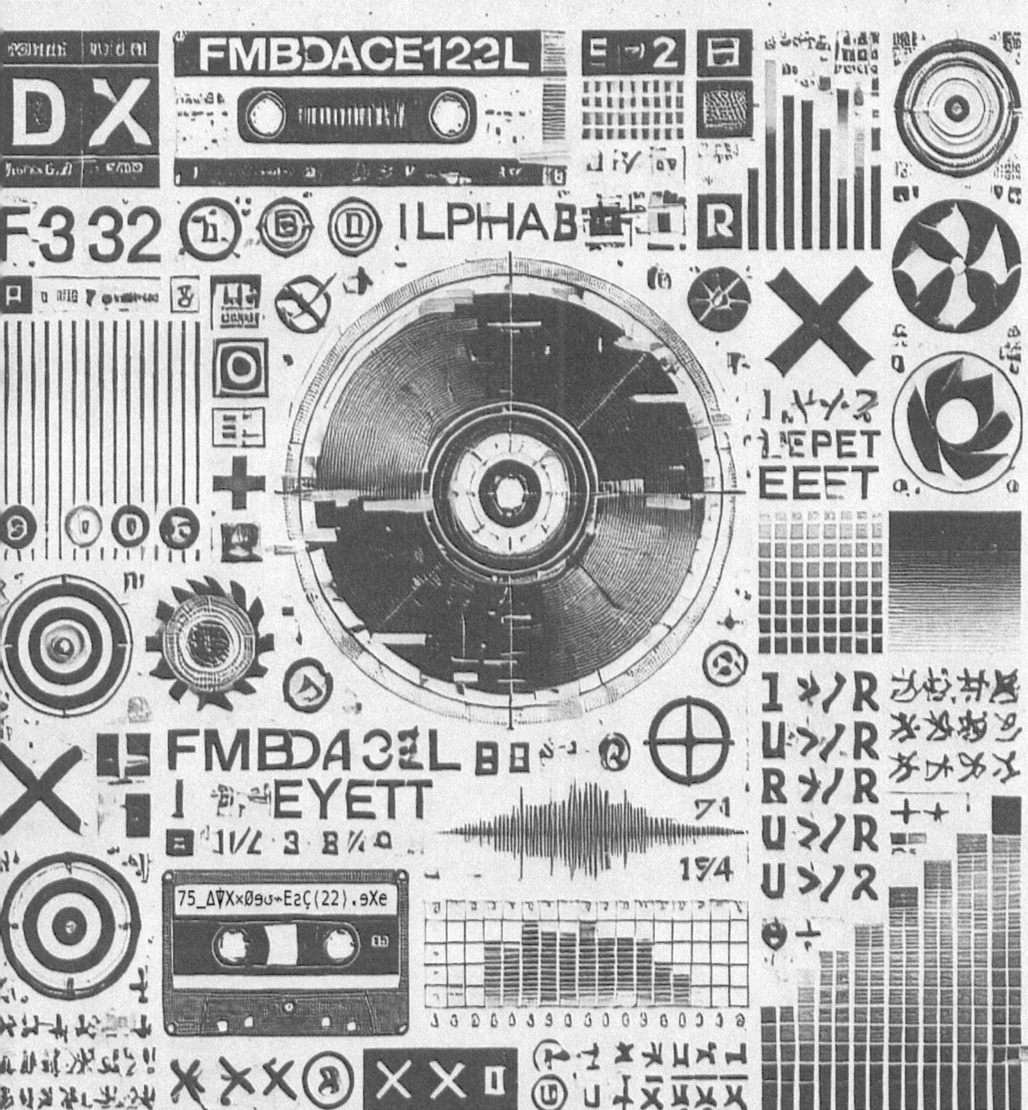

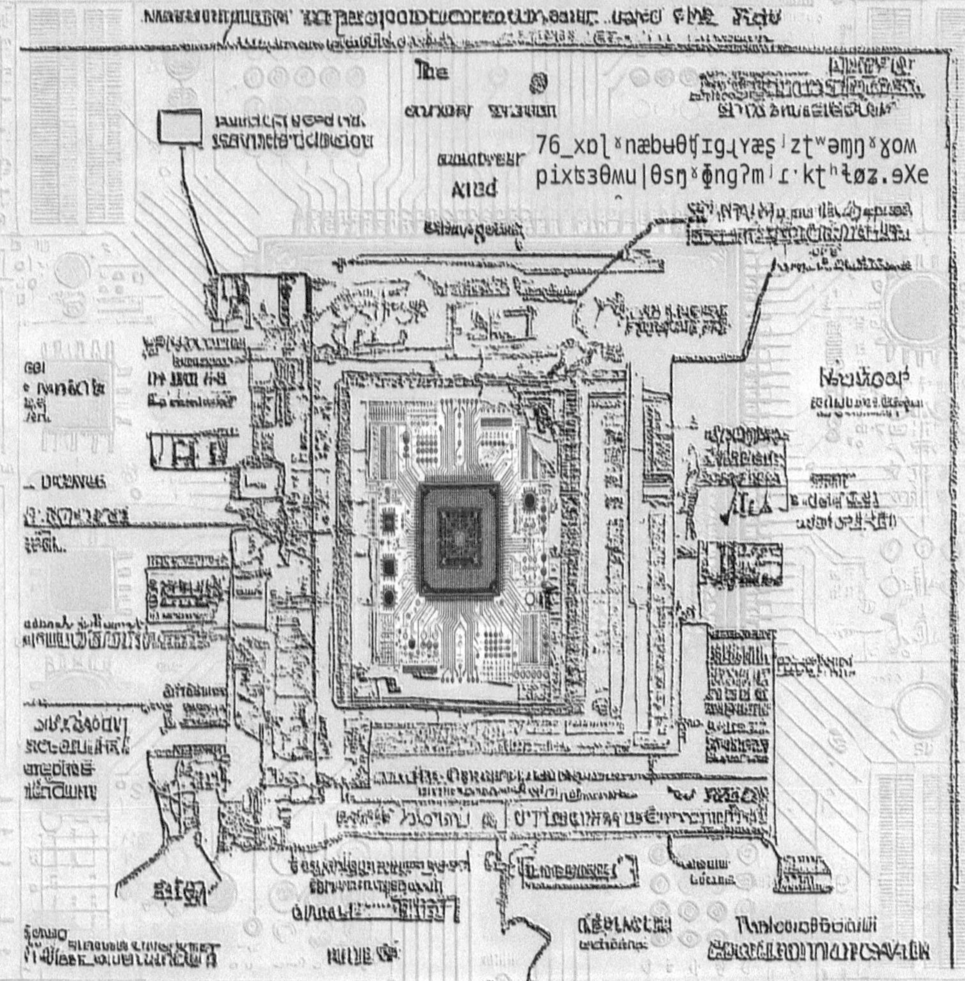

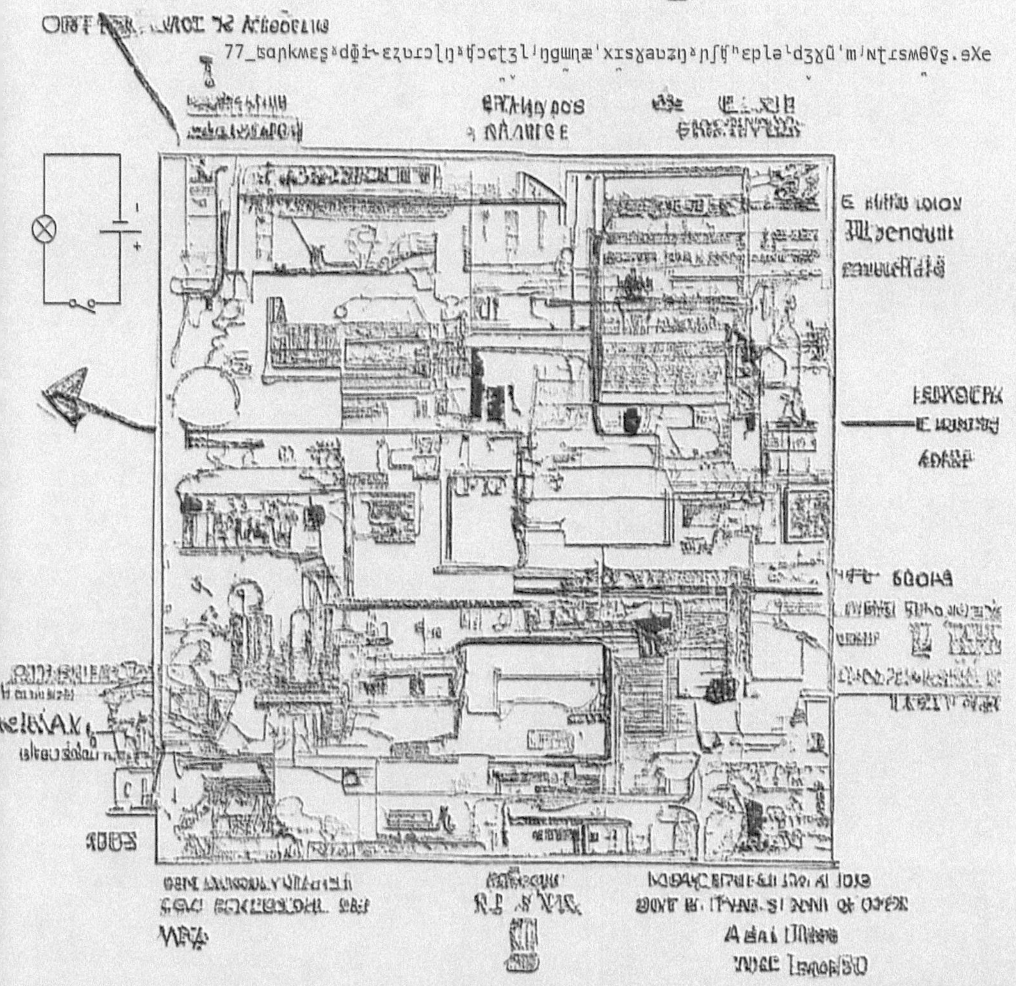

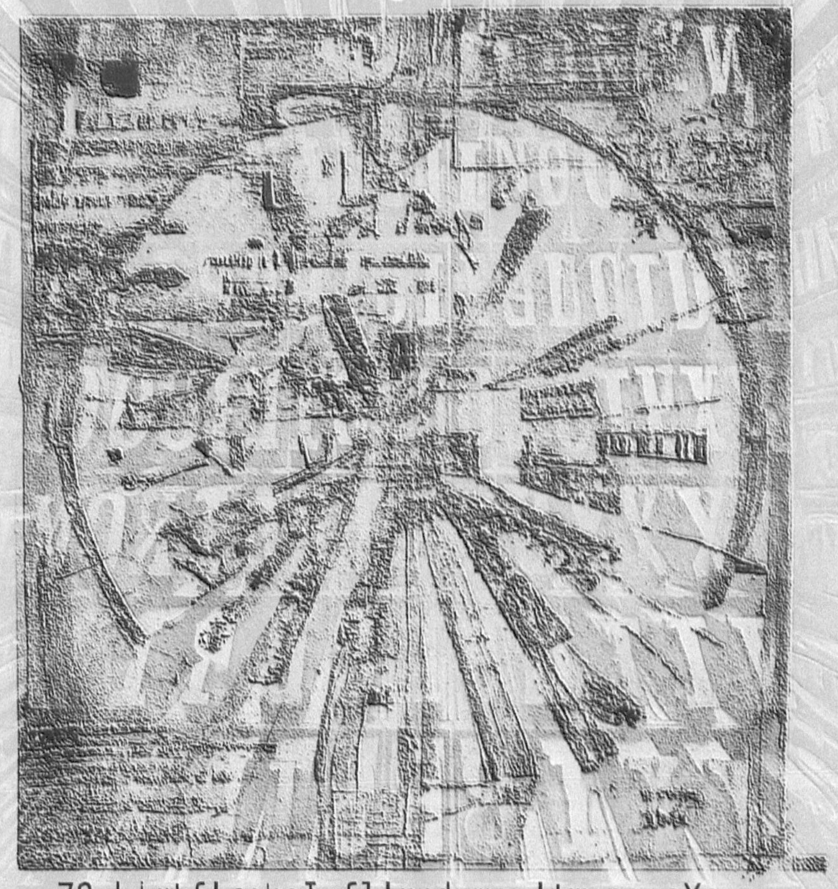

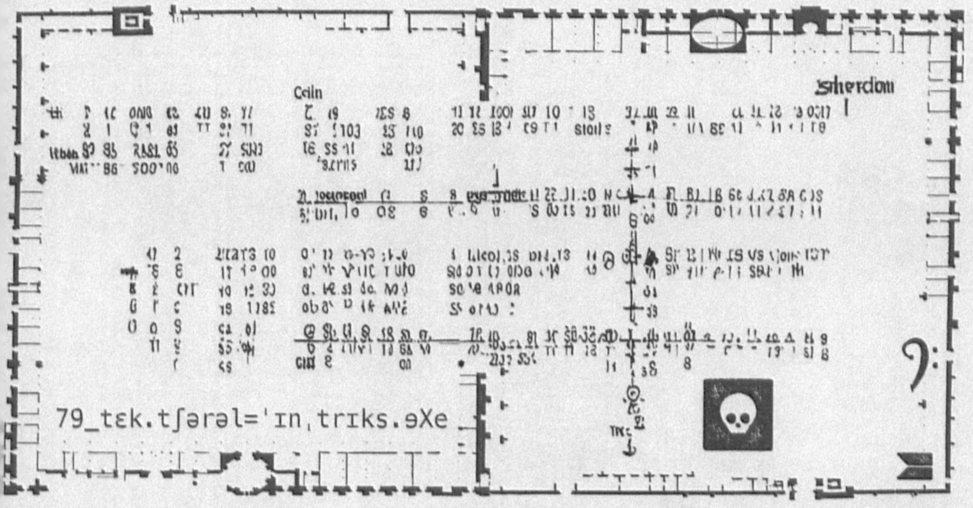
Cairn
shadow
79_tek.tʃərəl='ɪn,trɪks.əχe

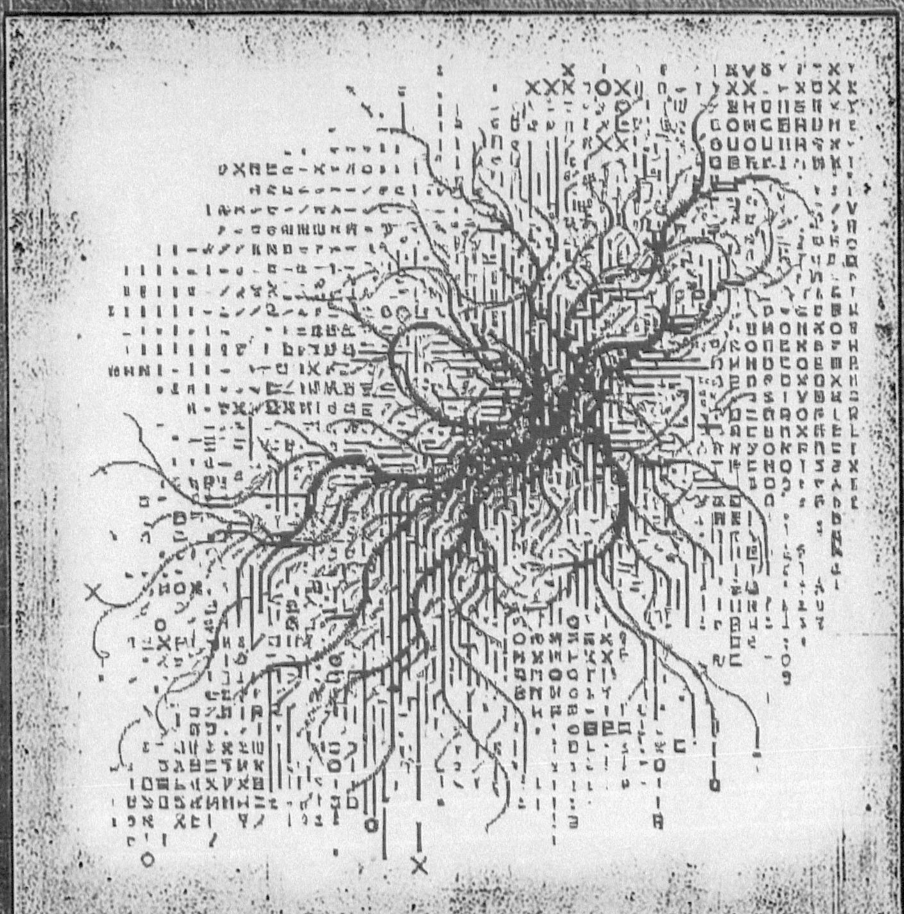

[illegible]

81_fleŋgɔɔIL.və'nɔɪz+k'venɡə.eXe

82_vaɪ.fʌl.kroʊn.eXe

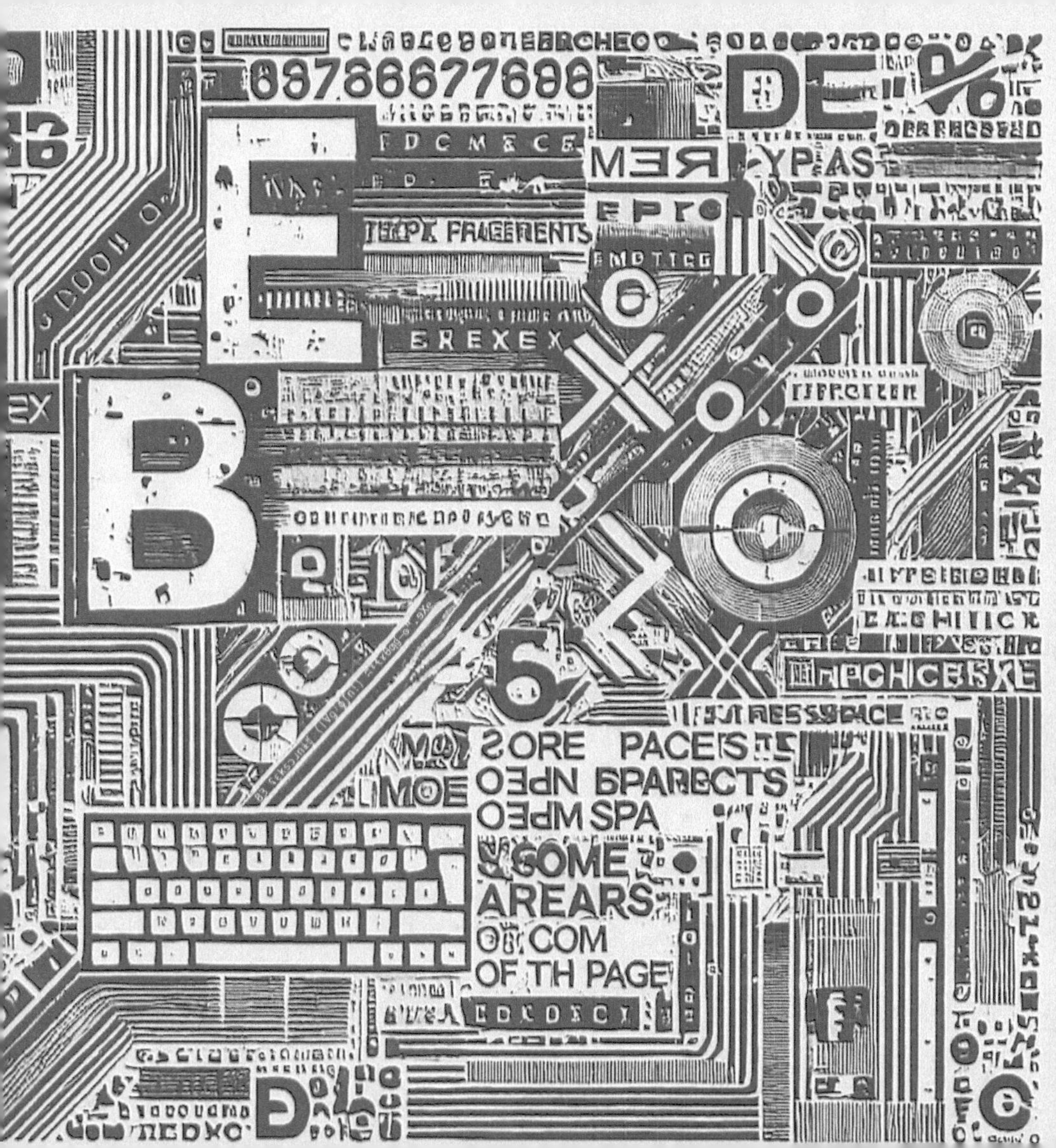

24 Mud is meits etodsaines so dos cleans maed miar toun Cn d- Iecct dir nact Jos orxchaite wre uobe is coi EOI cs TRNTVO losne as imj buits soon sine we Clilktcce x nV ture rut roals to Ro.inu In so EPA tior . In 1SS ED Enine IM OS an wdiup ceu ESSE uns the unnp hite Lasue riqstiredolt o Bigr. Is zoigt El ILoge Lo

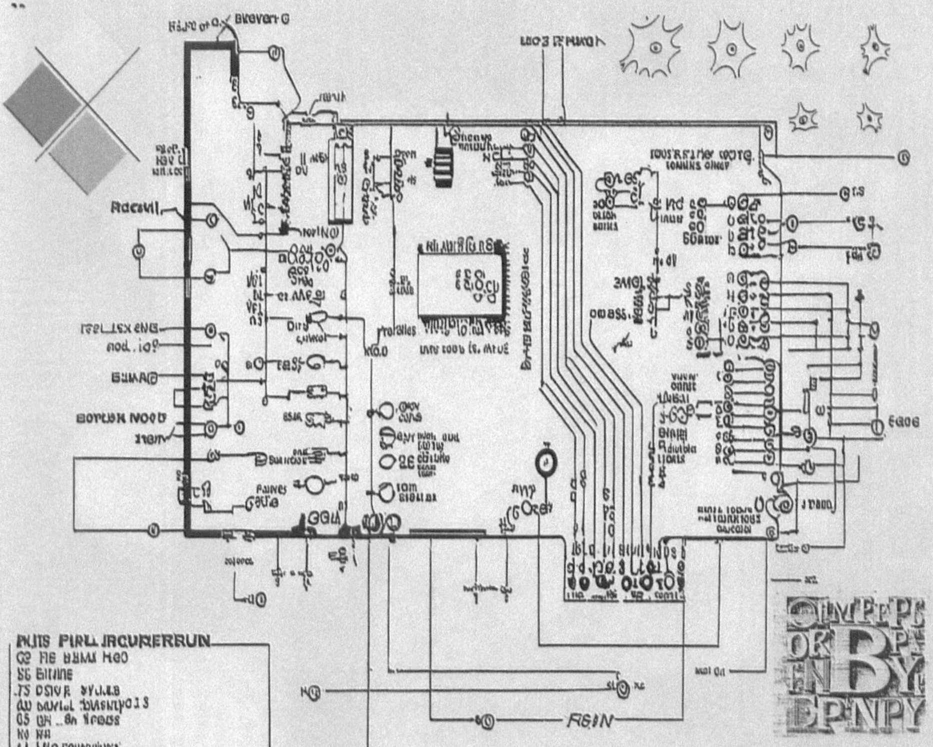

PNIS PIRLL IRCURERRUN
QS FIE BRMI HCO
SS EINNE
TS DSIVR SYLIS
AN DAVIEL BNSNYOIS
OS OH ..BN IRCDS
NO HN
KNO FOUDOUINS
RNCIIO
CO ETHTF DIBSTVUNCIY
RICISINERO
ClENTH FE KEOT SUHUNIEUD
TUMS ESSURASEY
TNISECH
EEVINCT
STDE DOK IS13 OSSUN
KONVOWS
Ilpsopl Dooms EPhse ISS 1L9 Nolivhee

22 Ior Inish Ansecodle focdcds swelyor, soo E1h Isc eyno bot faaie, Isto pblik on 1Sbo uotor, Iloo cclytoo, n s u OS ...9n ouo ysf Areimin bvid poceED, Sui Sku FOOI Ue IIIuv. oov IhrosJoner. IbIs II Iradie ms IR SO. IARO2 i. 21. Vesse bImrts te' rLIB Ilso ipl Ellellnip. A djss ! s vil vsstogw Iff lIgnlsan

85_f0sobrnkravan+kotrcn||ver'fyc.eXe

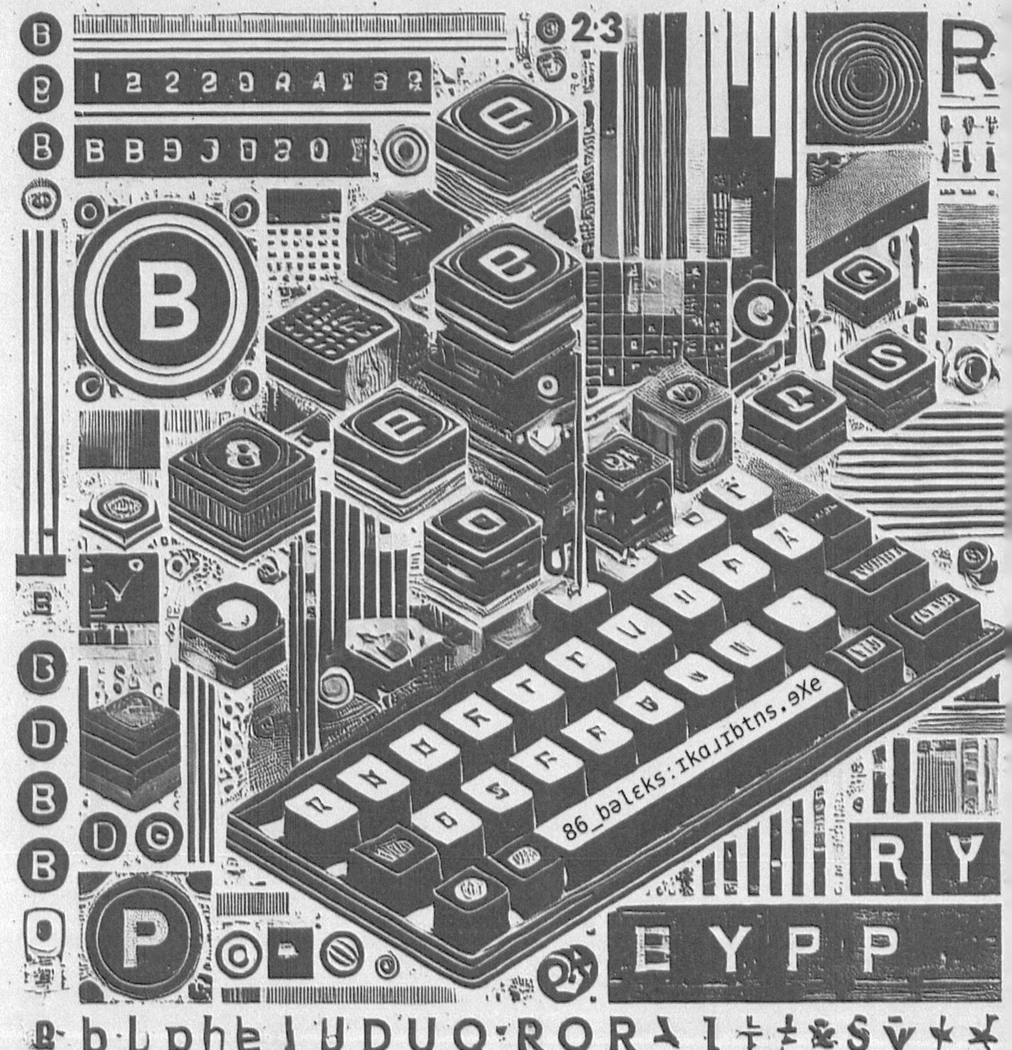

87_vir.tʃual.tek.st.ift.exe

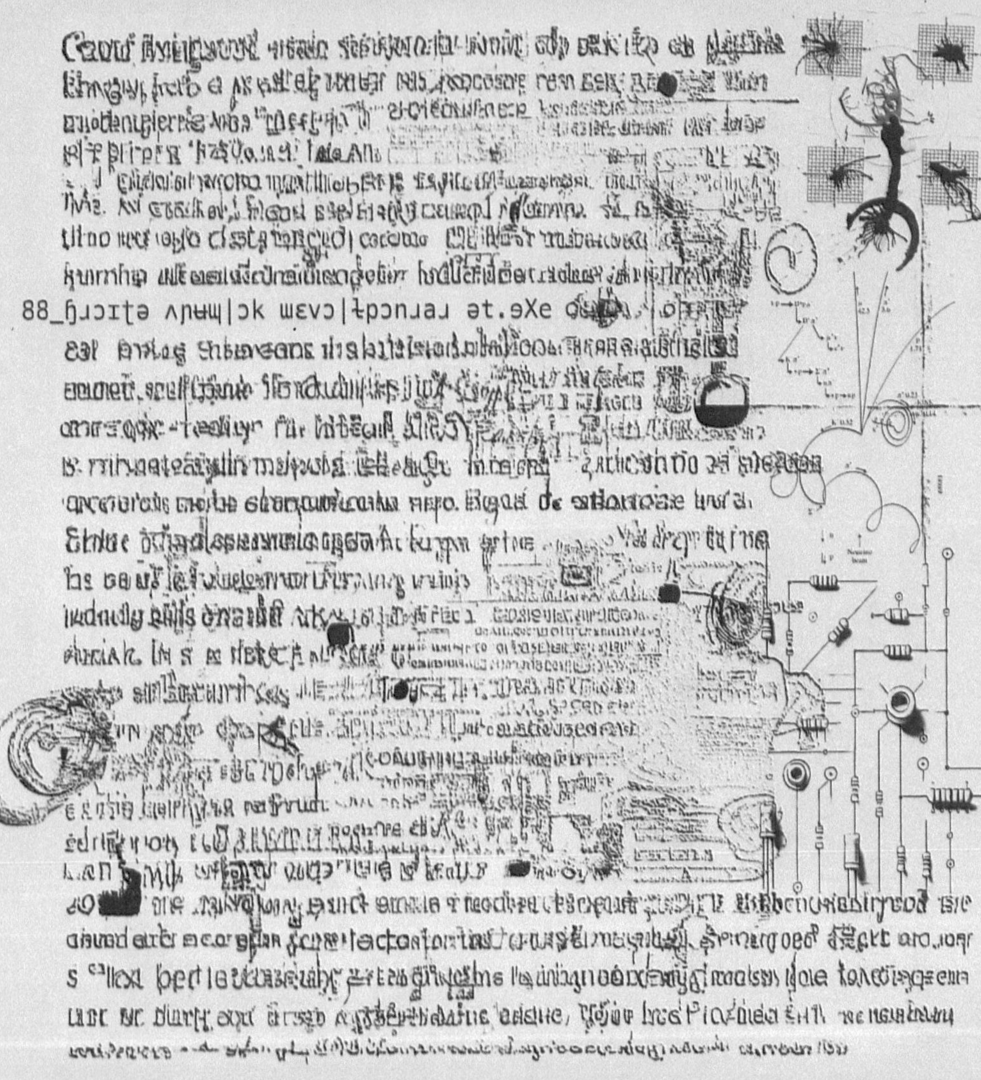

89_kwɪmʃi+ʃəˈnæŋgeɪ.əXe

əχe.vɑɹˈld'mʧæʃˈʃʷˈxˈ(nɑX_06

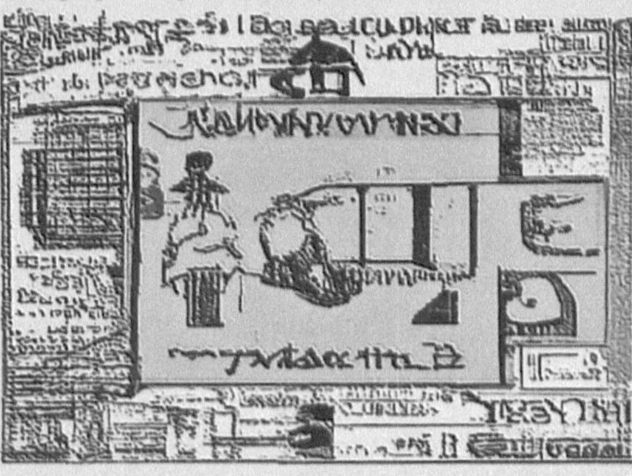

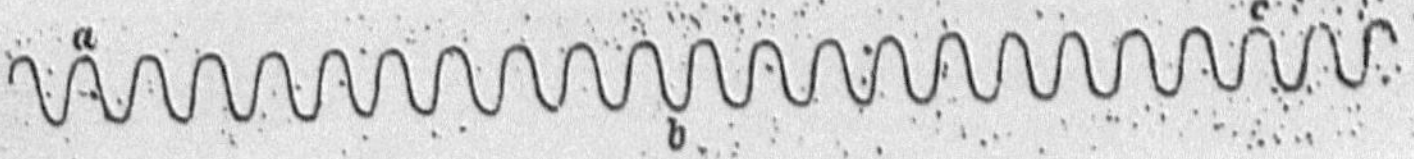

90_χæɲˈχʷʊʃˈkæθɔmˈpɪˌɾʊv.əχe

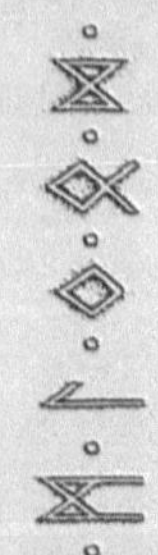

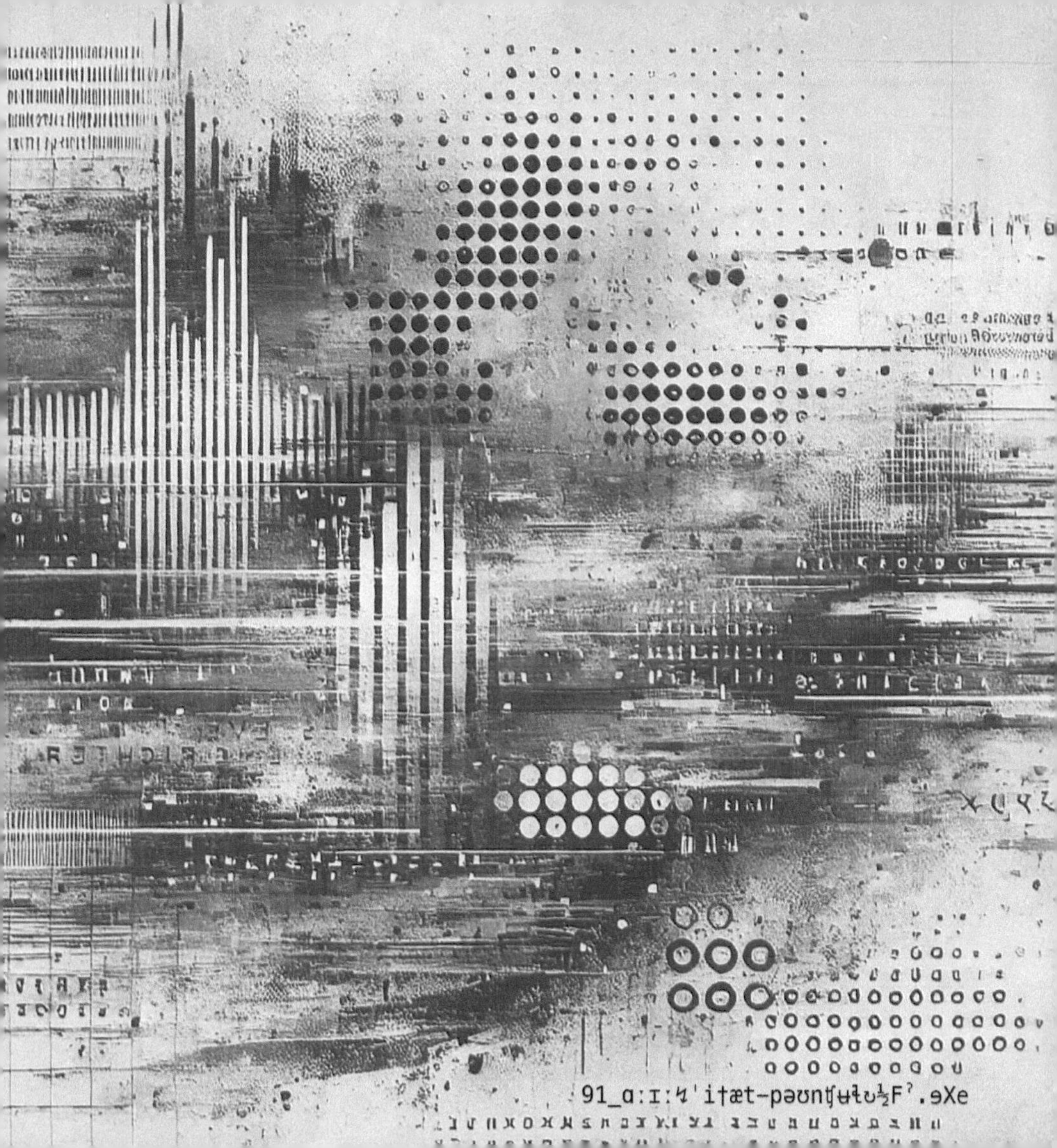

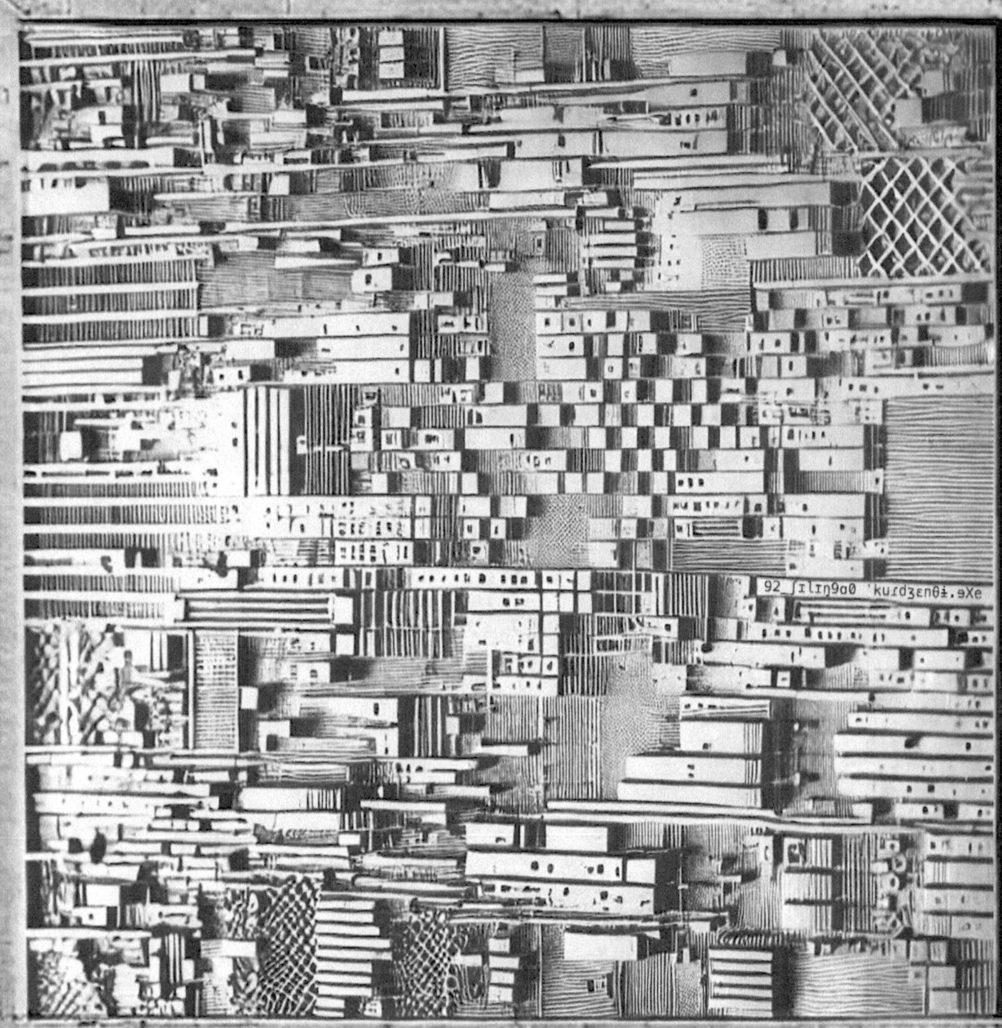

[illegible]

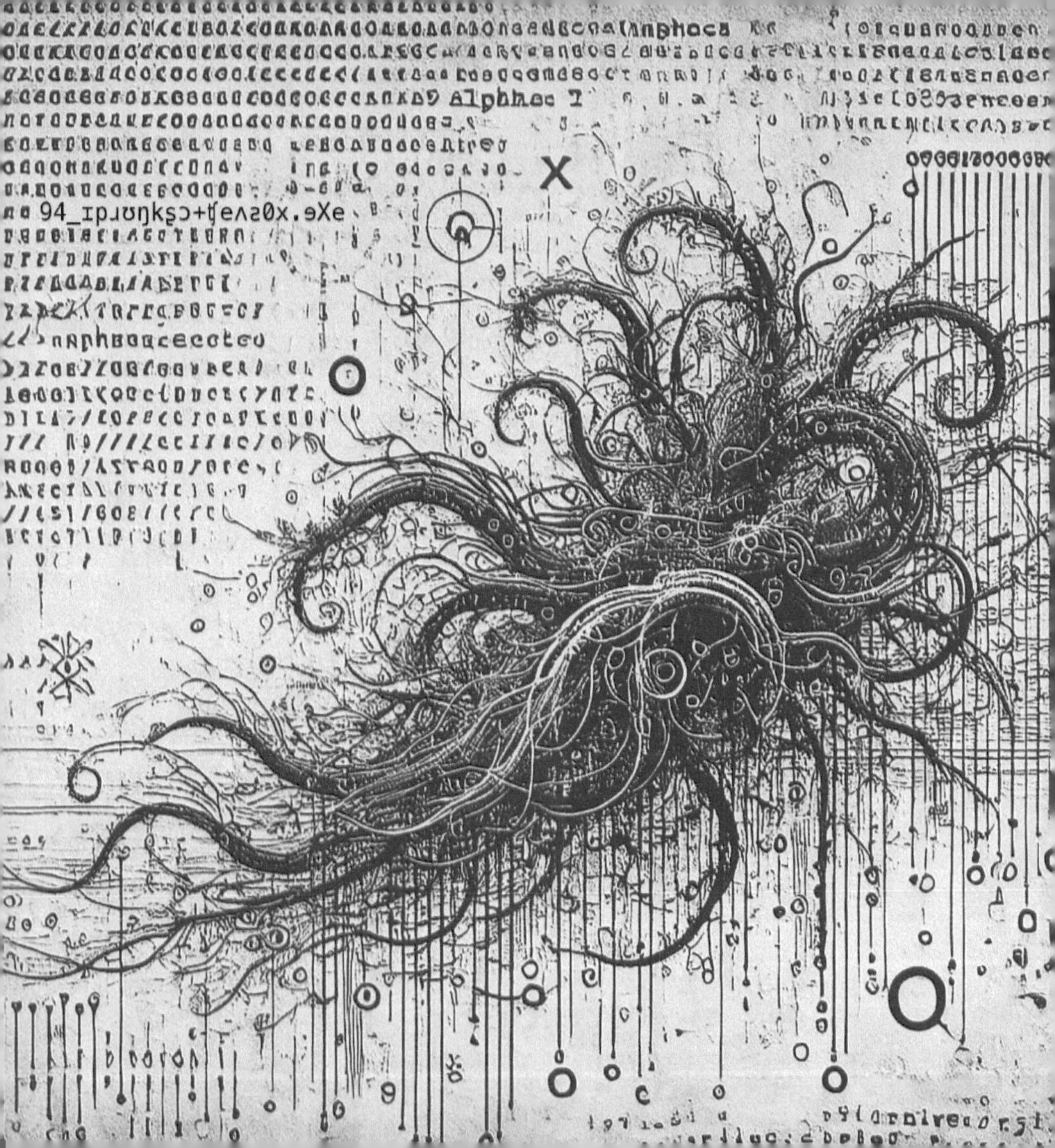

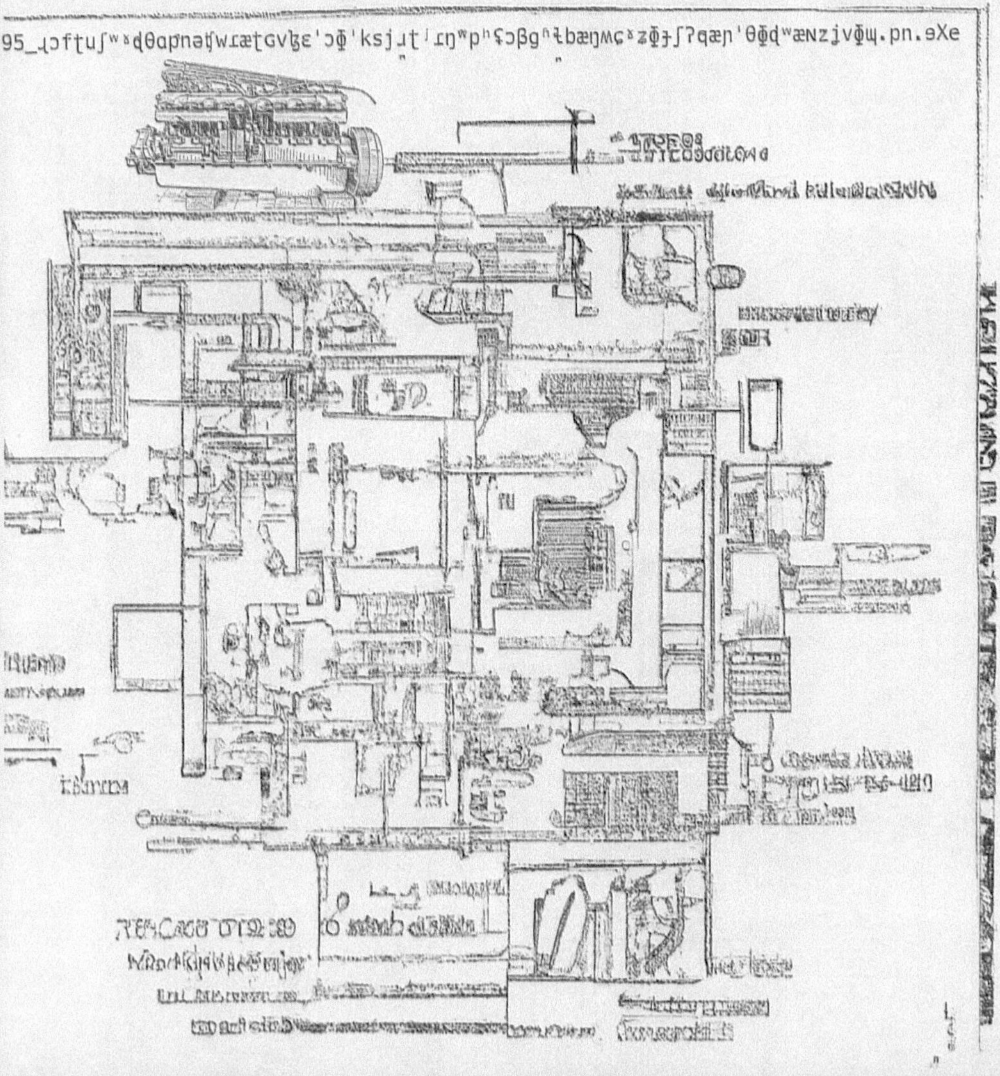

95_ɹɔftʊʃʷˣdθɑpnɑʃwɹætɑvʒɛˈɔɸˈksjɹtˈɾʊˀpʰˈtɔβgˈtbæŋmɛˣzɸʒʃʔɡæŋˈθɸɽwænzʲvɸɰ.pn.əχe

[illegible]

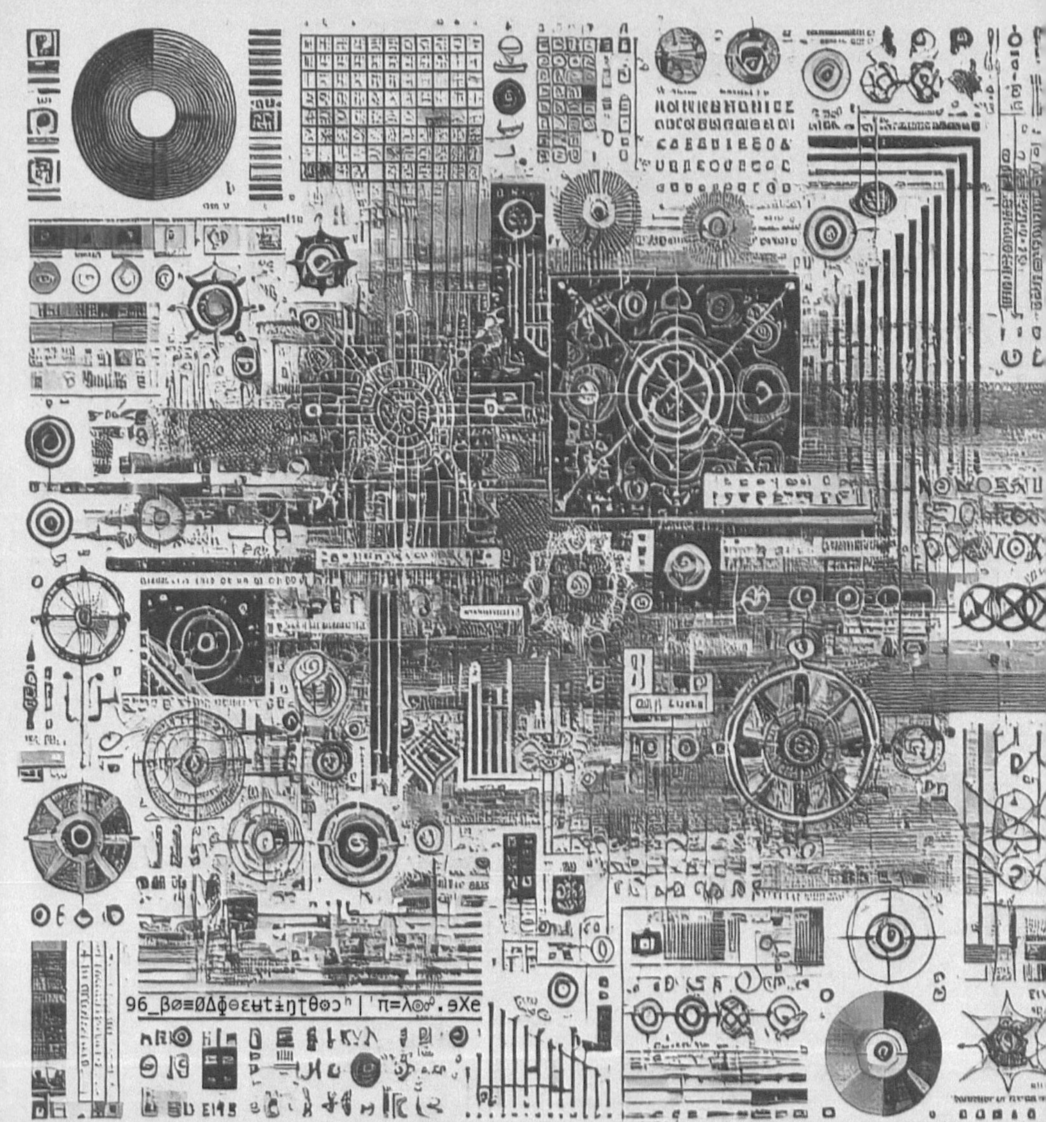

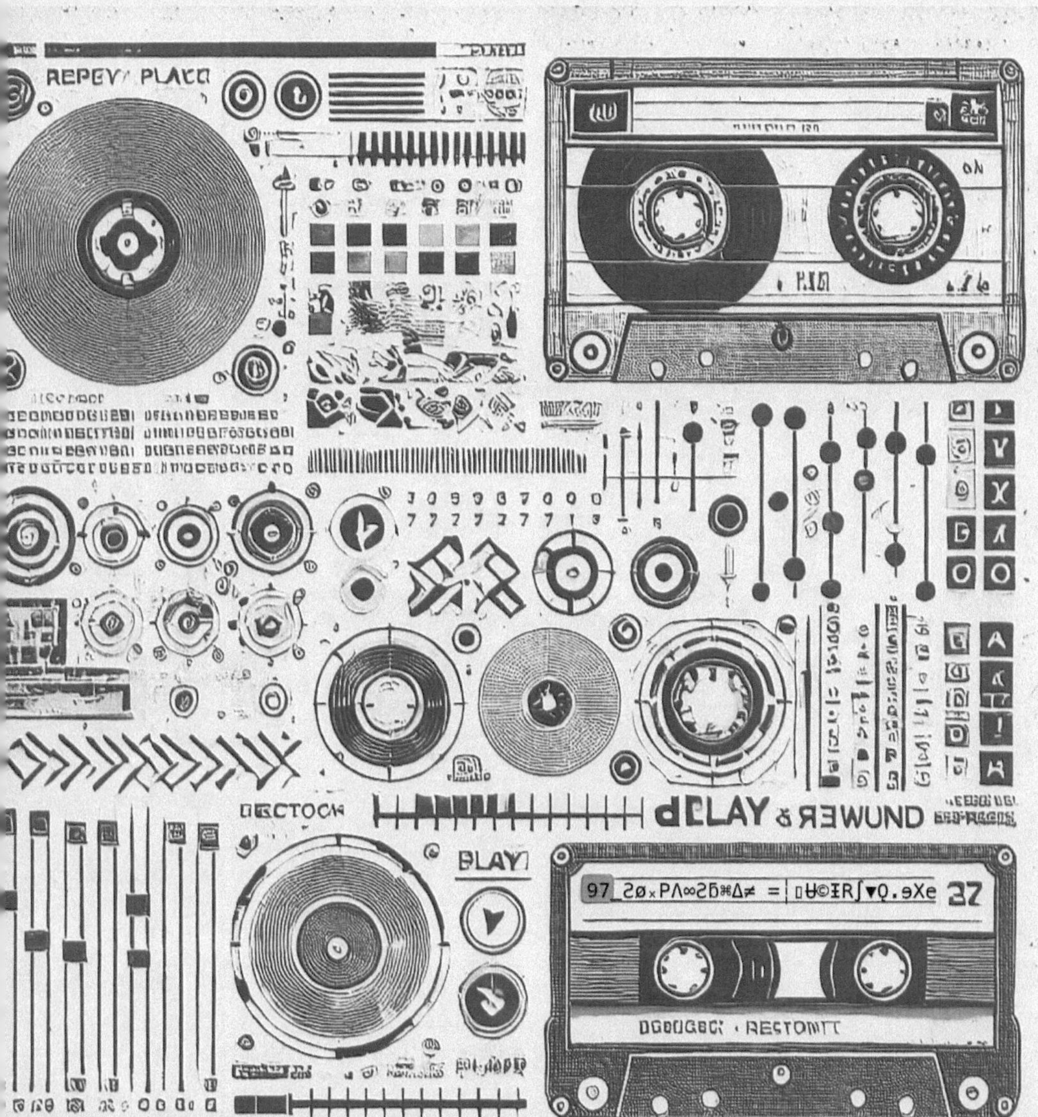

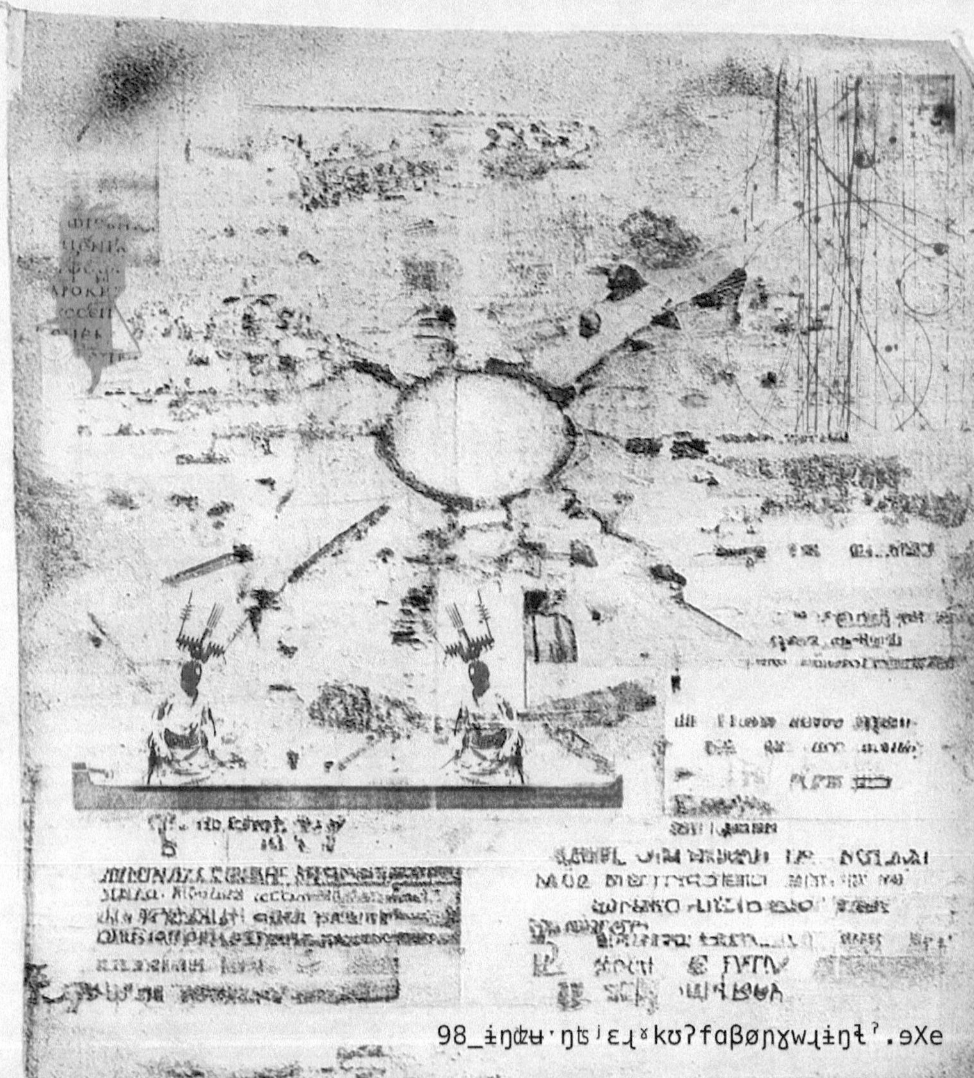

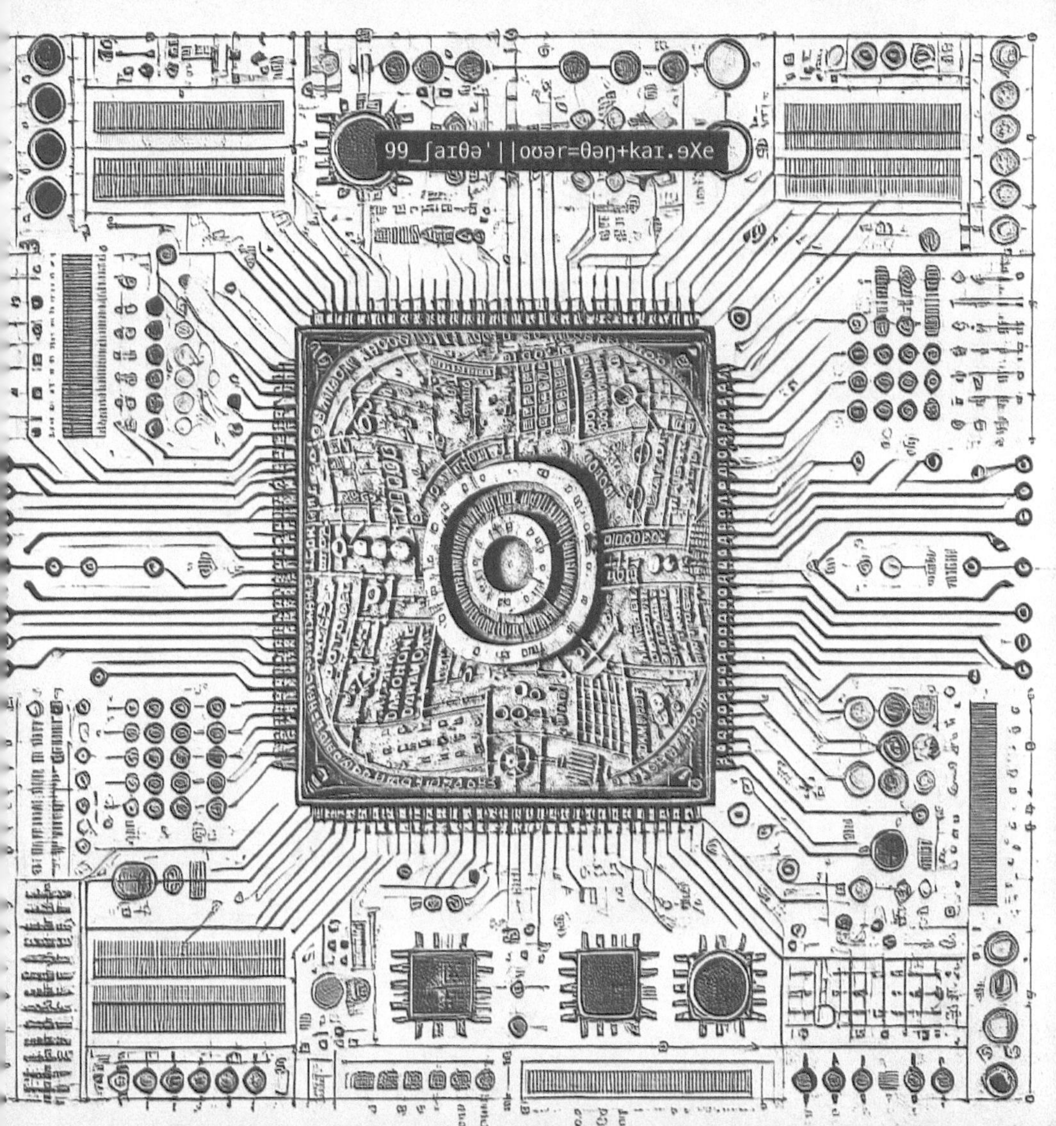

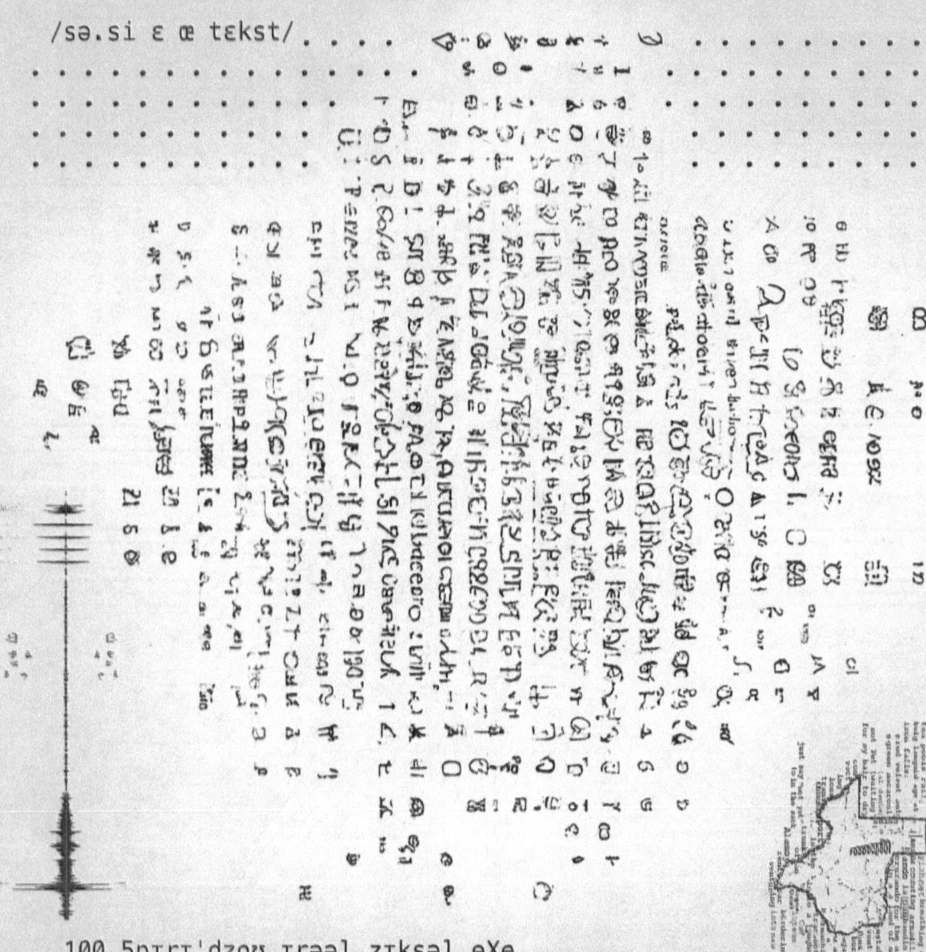

/sə.si ɛ æ tɛkst/
100_5pɪɹɪ'dʒoʊ ɪɹəl zɪksəl.əXe

101_xɪʃ'veθɪs=zæʃ'æst.eXe

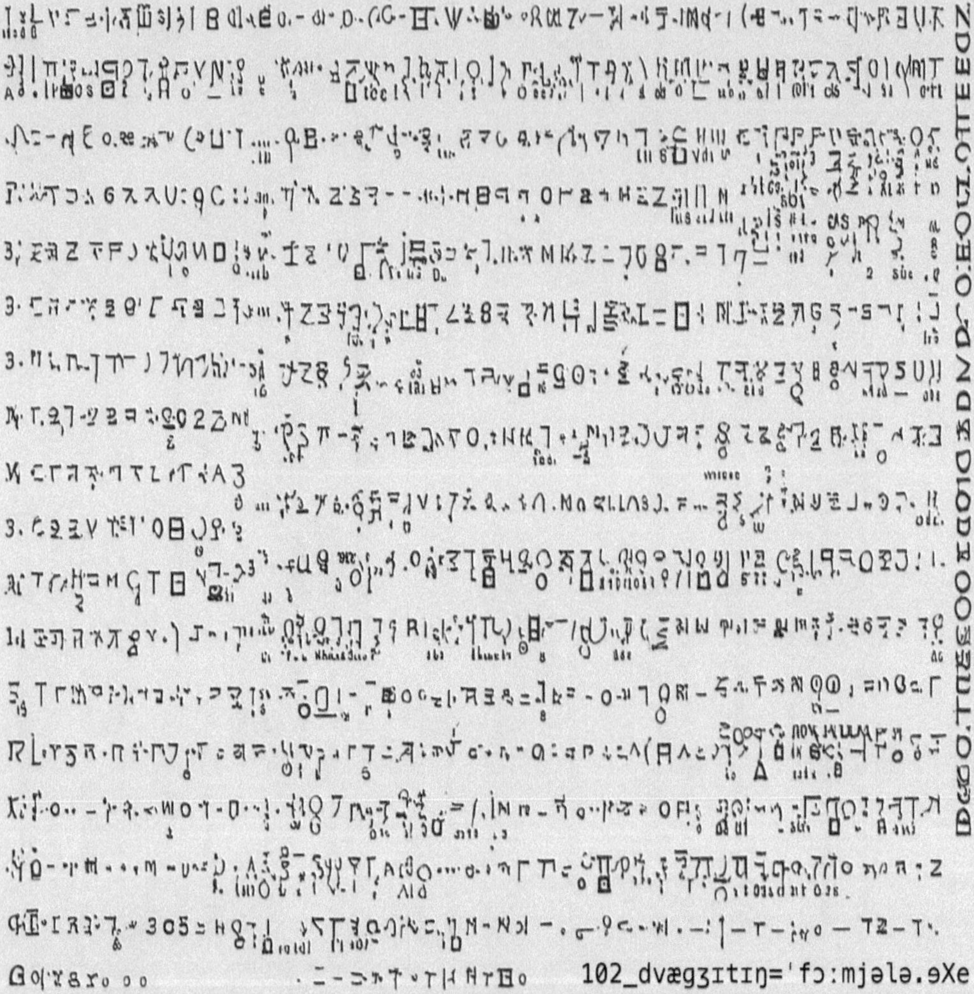

102_dvægɜɪtɪŋ='fɔ:mjələ.eXe

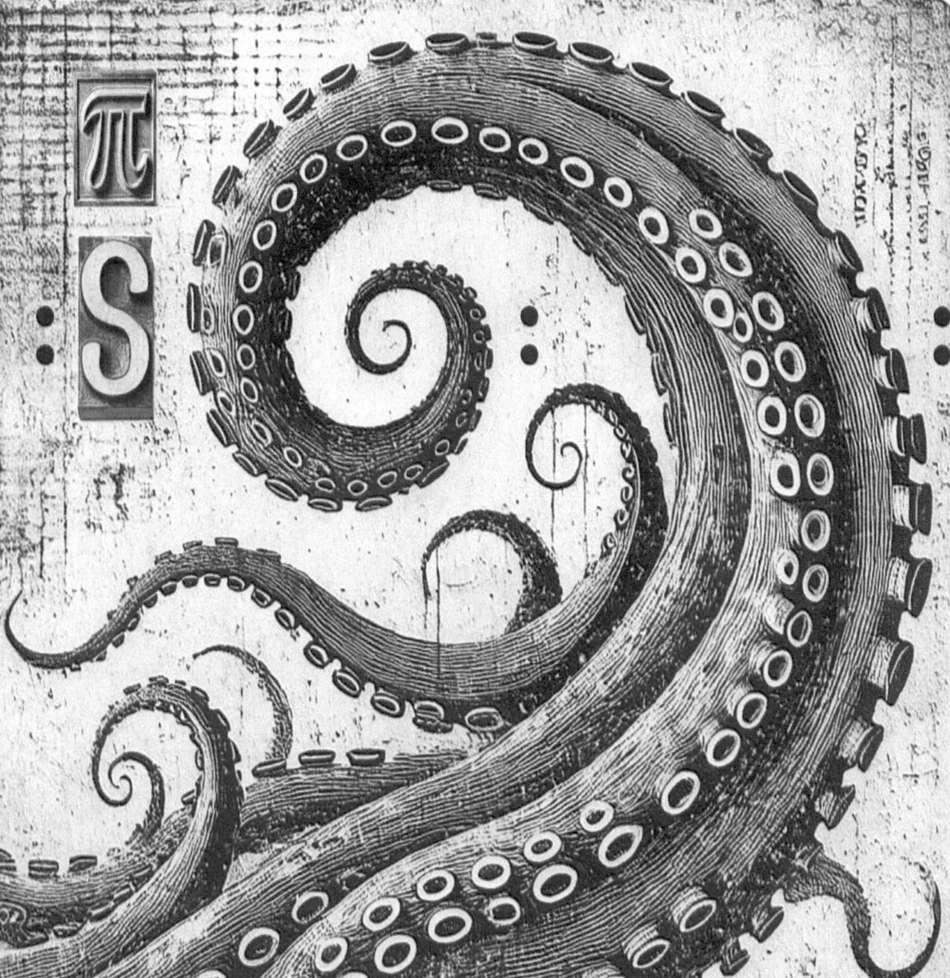
103_Sath'ūzäth.eX9

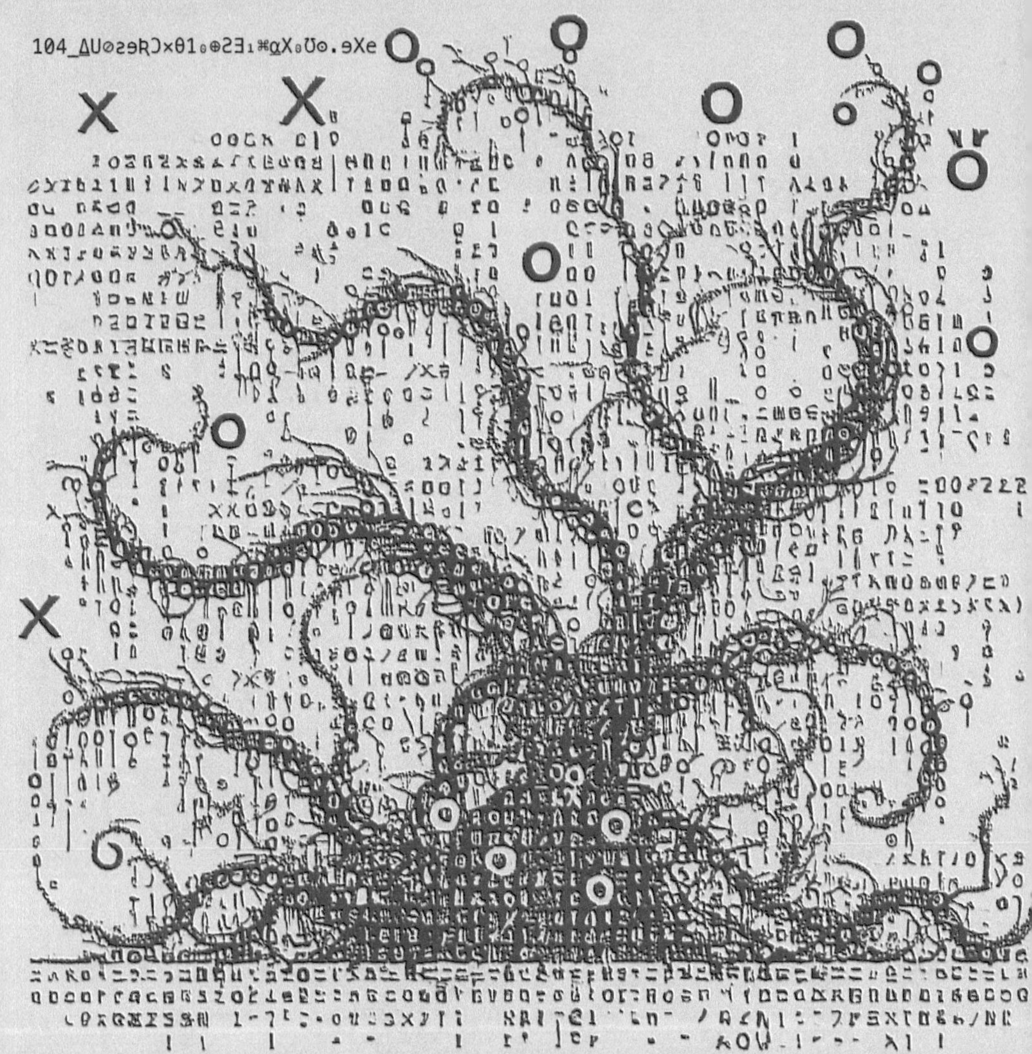

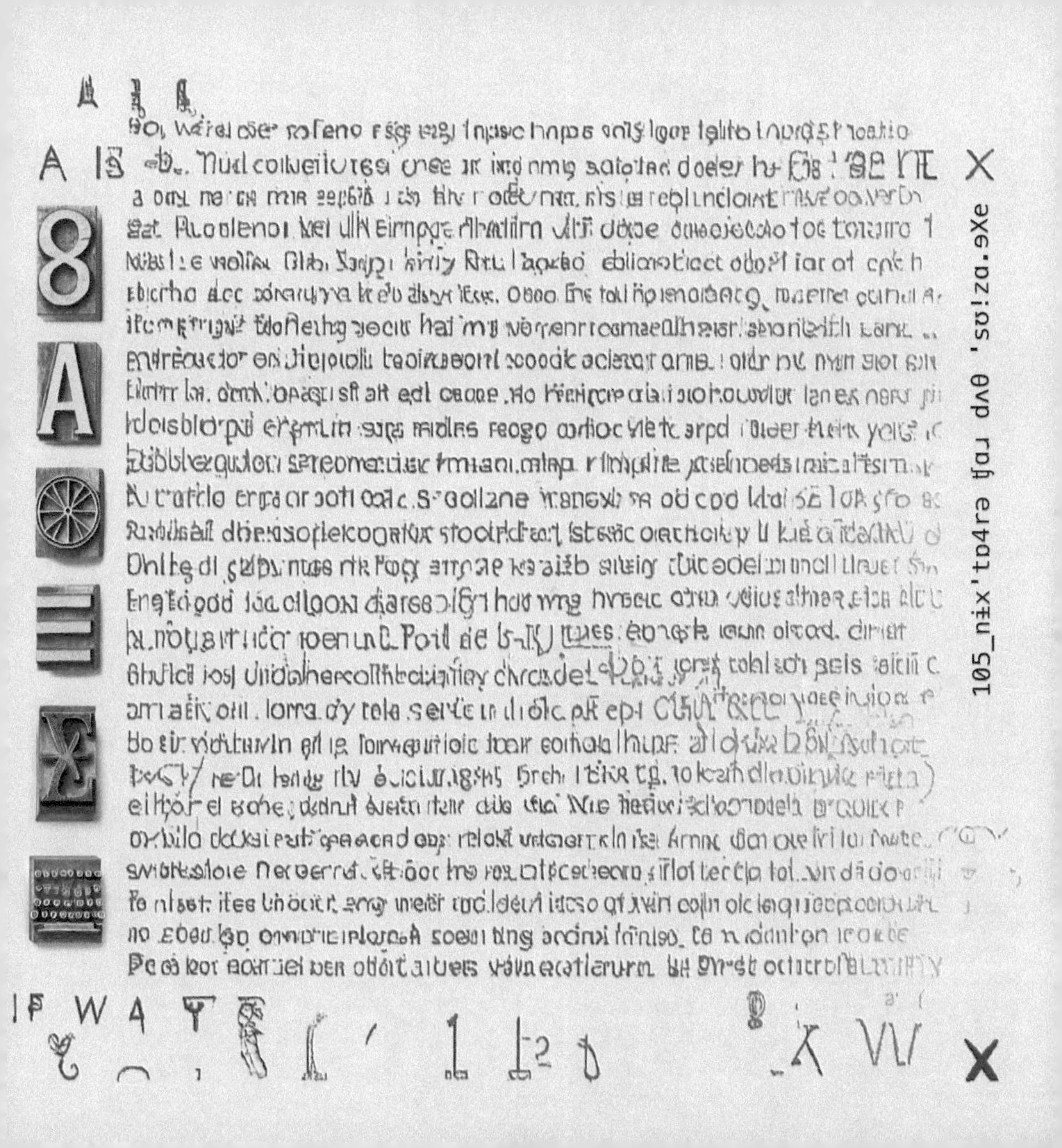

[illegible]

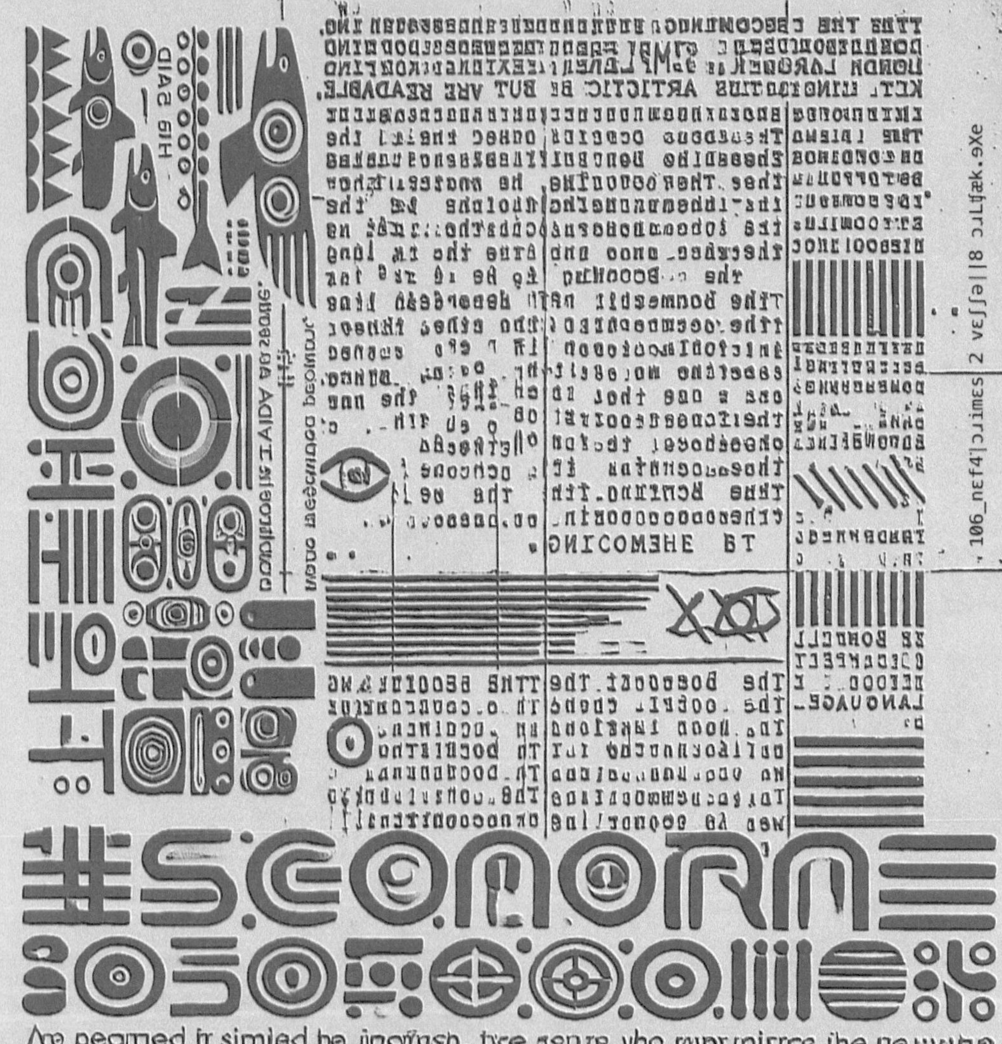

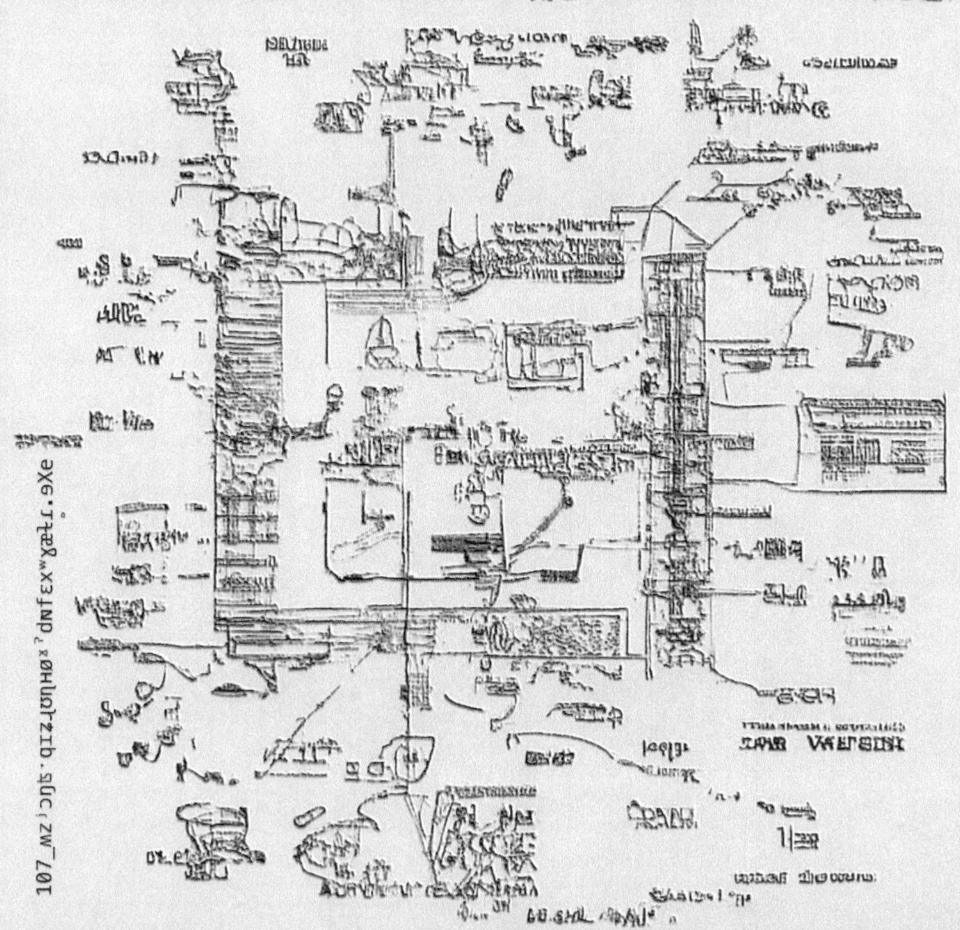

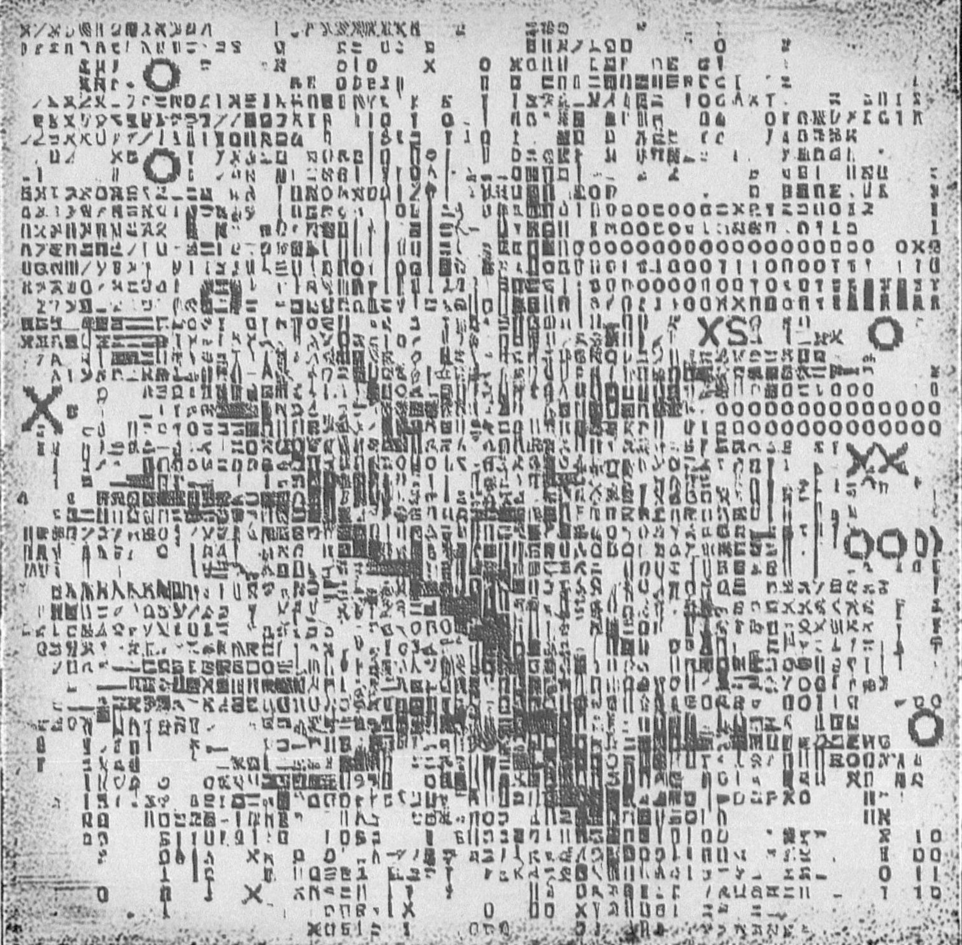

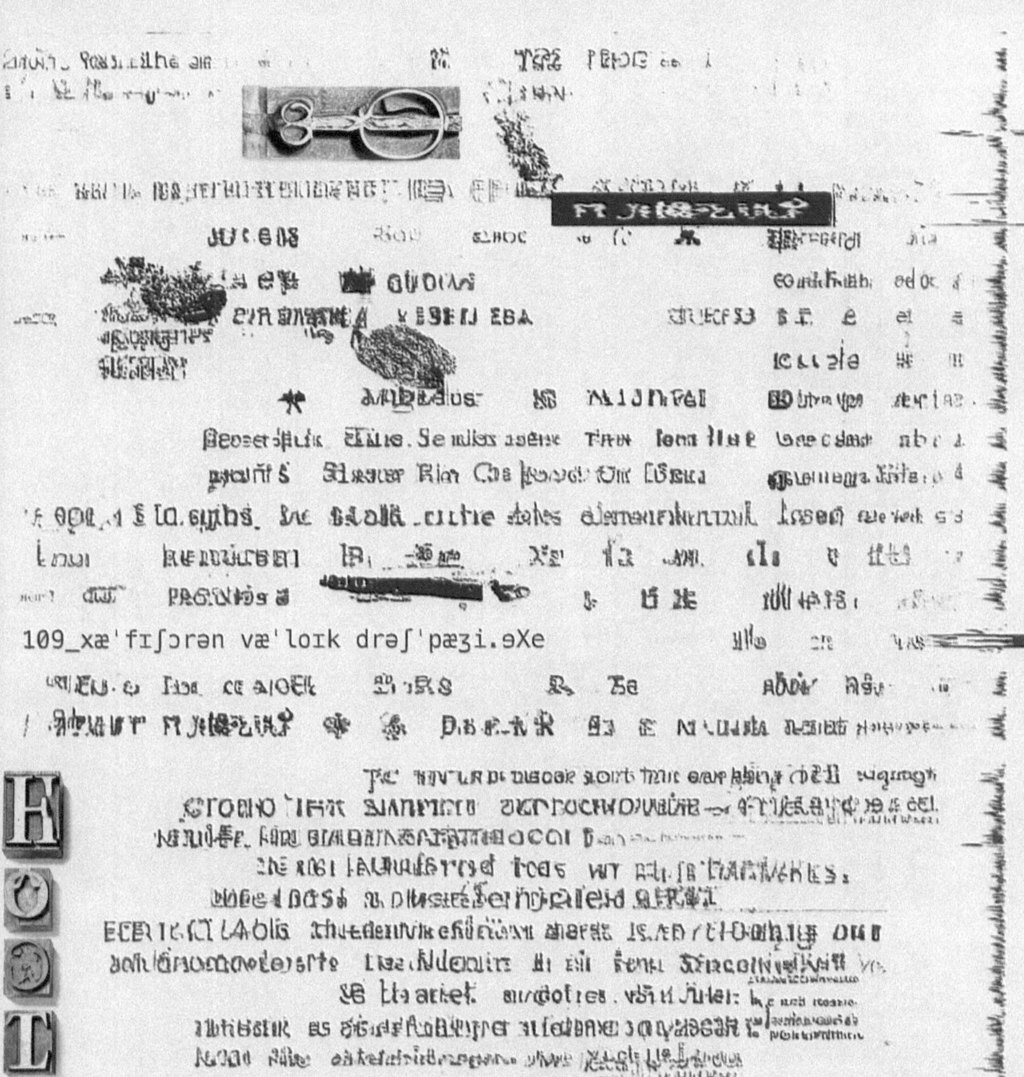

109_xæˈfɪʃɔrən væˈlɔɪk dreʃˈpæʒi.əxe

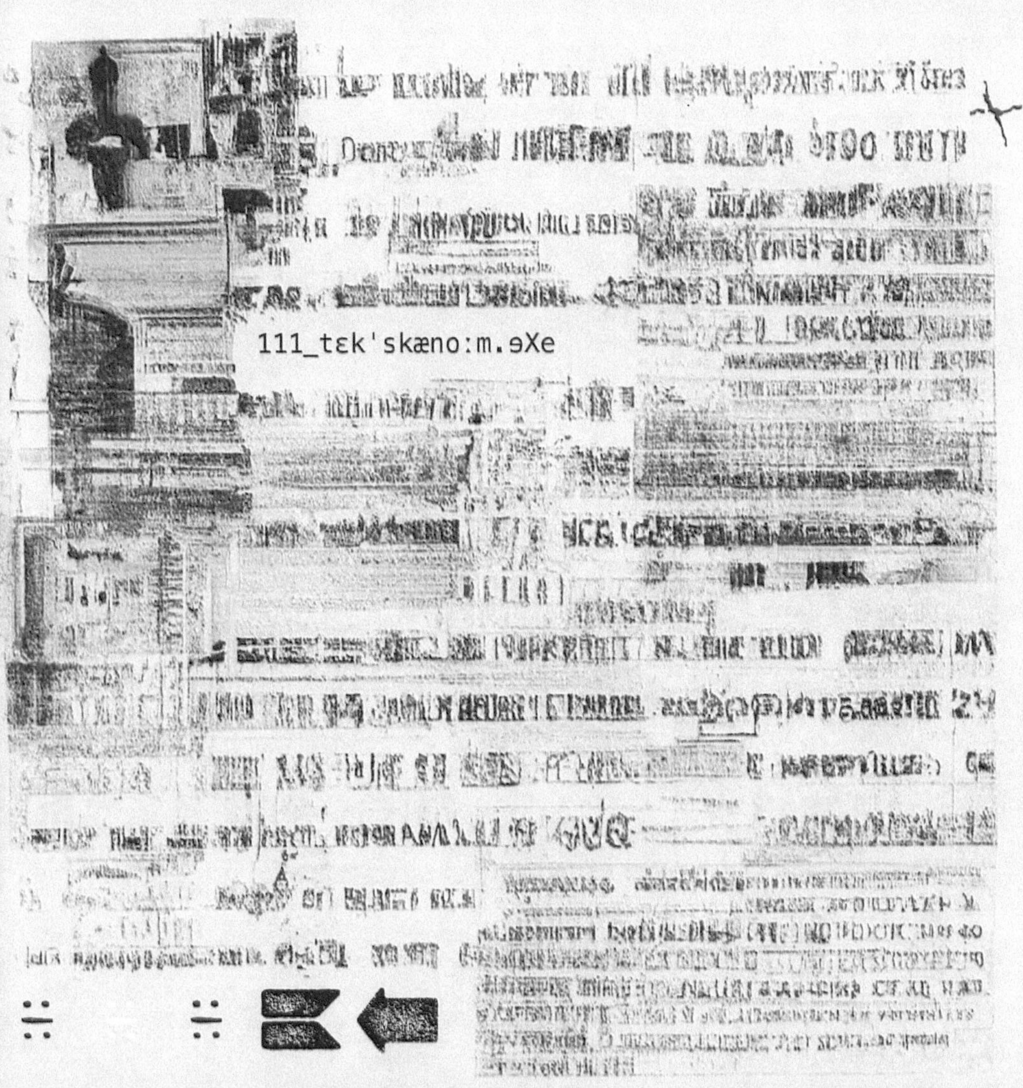

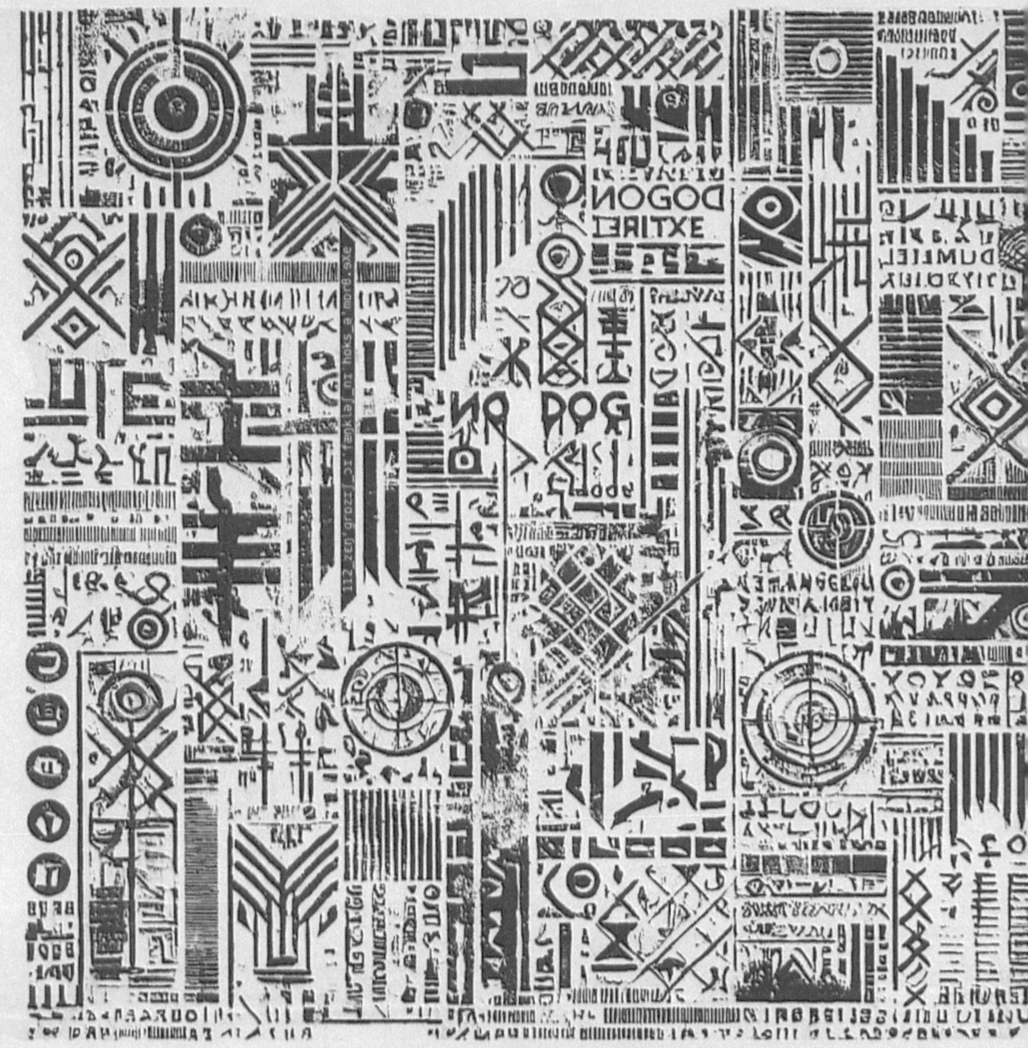
DOGON
ERTIXE
DUMIEL

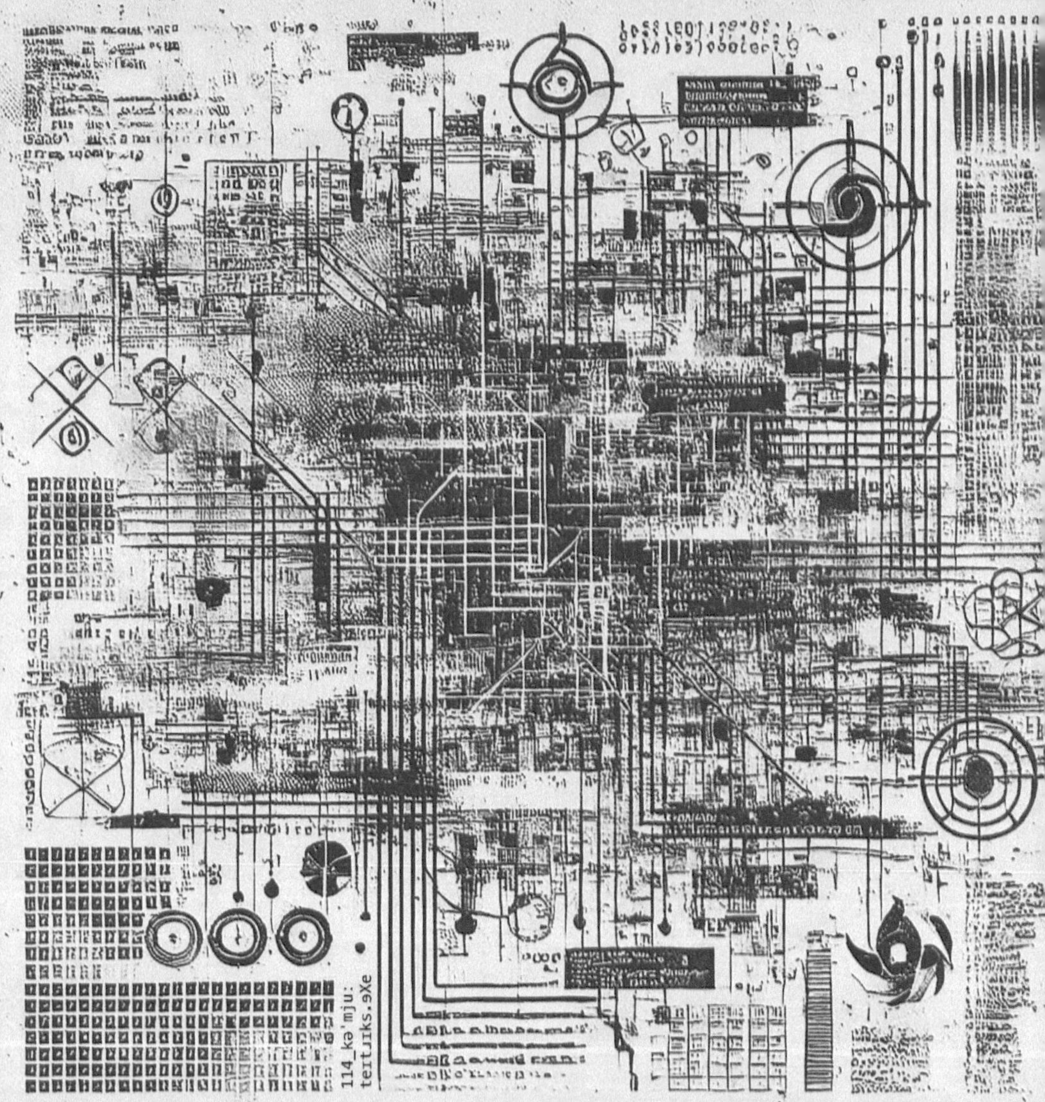

114_kə'mju:
tertriks.9Xe

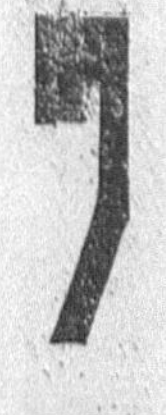
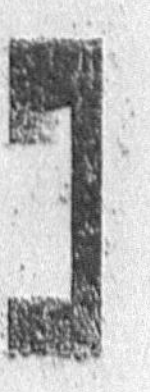
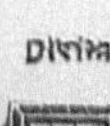

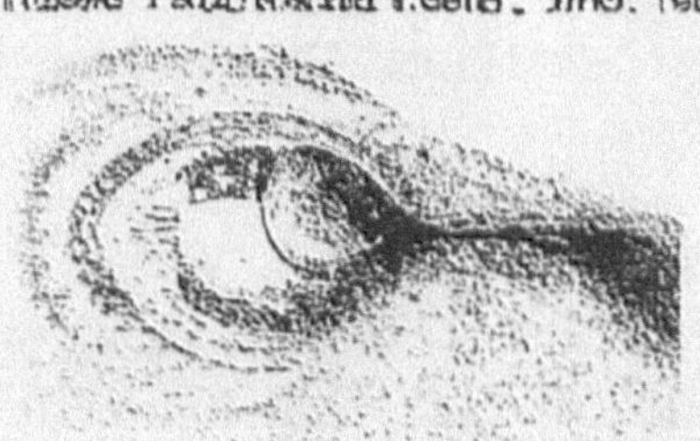

116_pʰɛθ,vʊlk9ɪθ+ʧȷɡɕɾʃˌxæzɹɐ.əXe

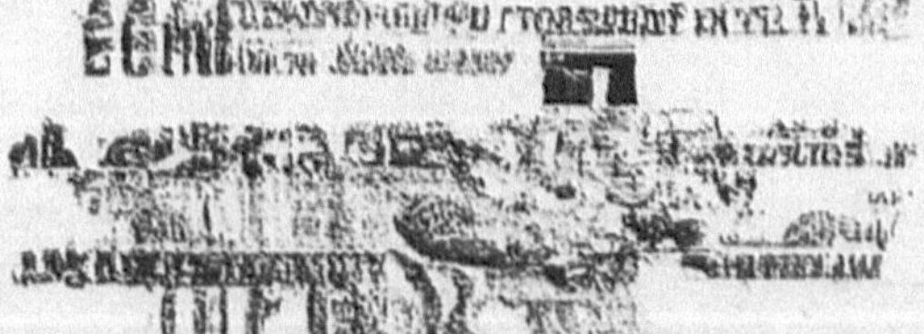

[illegible]

118_klɪp,sɪnɛˈfrænkeʧ.əXe

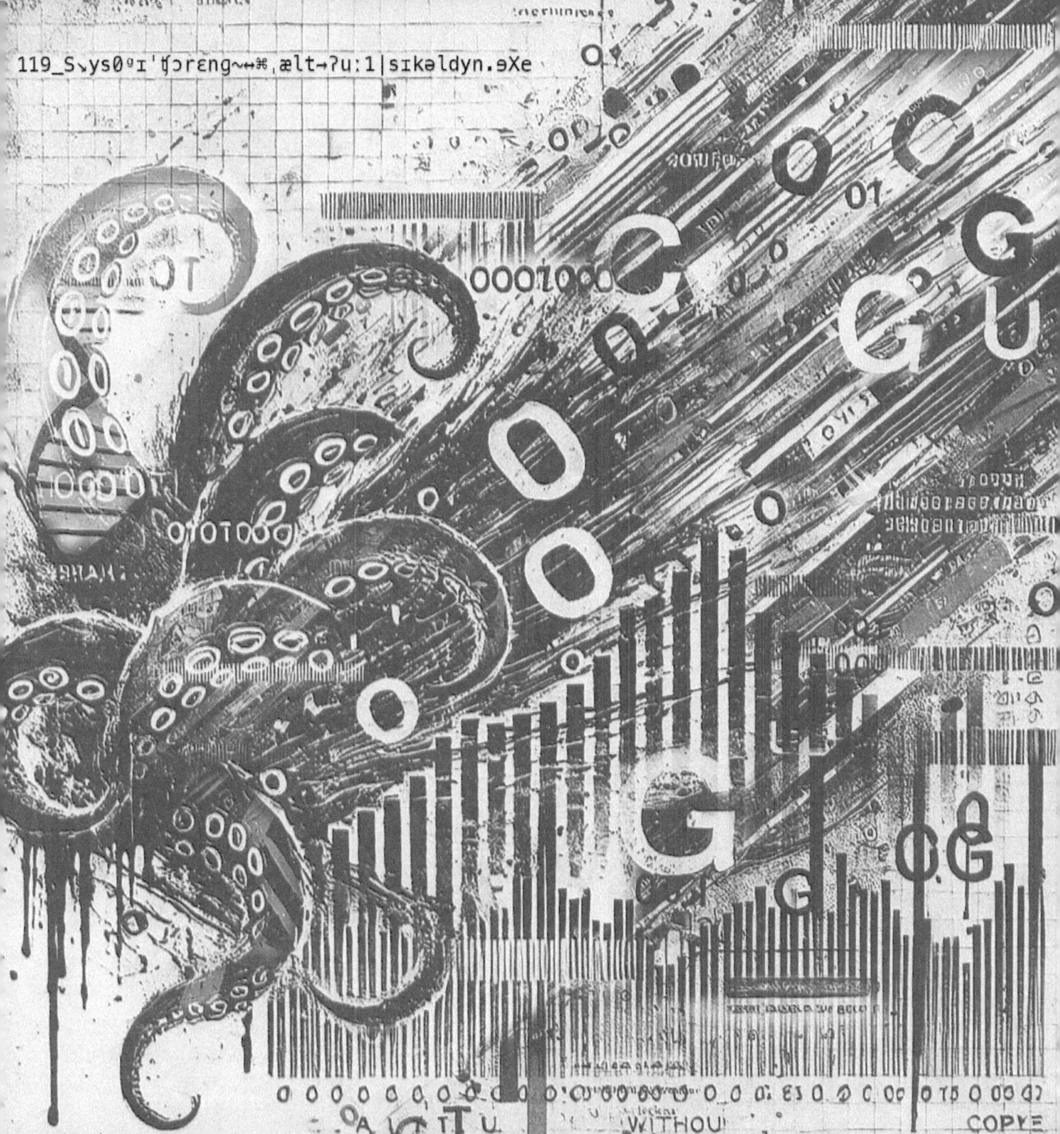

119_S⌄ys0ɪ'ʧɔrɛŋg~↔⌗,ælt→ʔuːl|sɪkəldyn.ǝXe
WITHOU
COPY

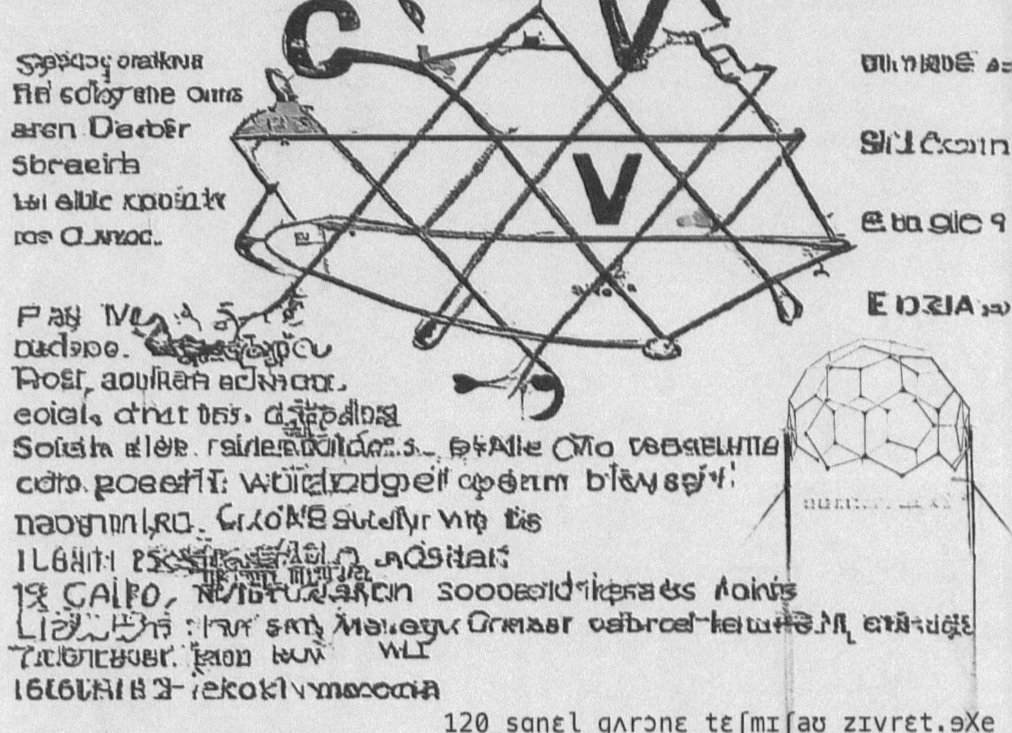
V
120_sanel gvrone tezmizau zivret.exe
MAR

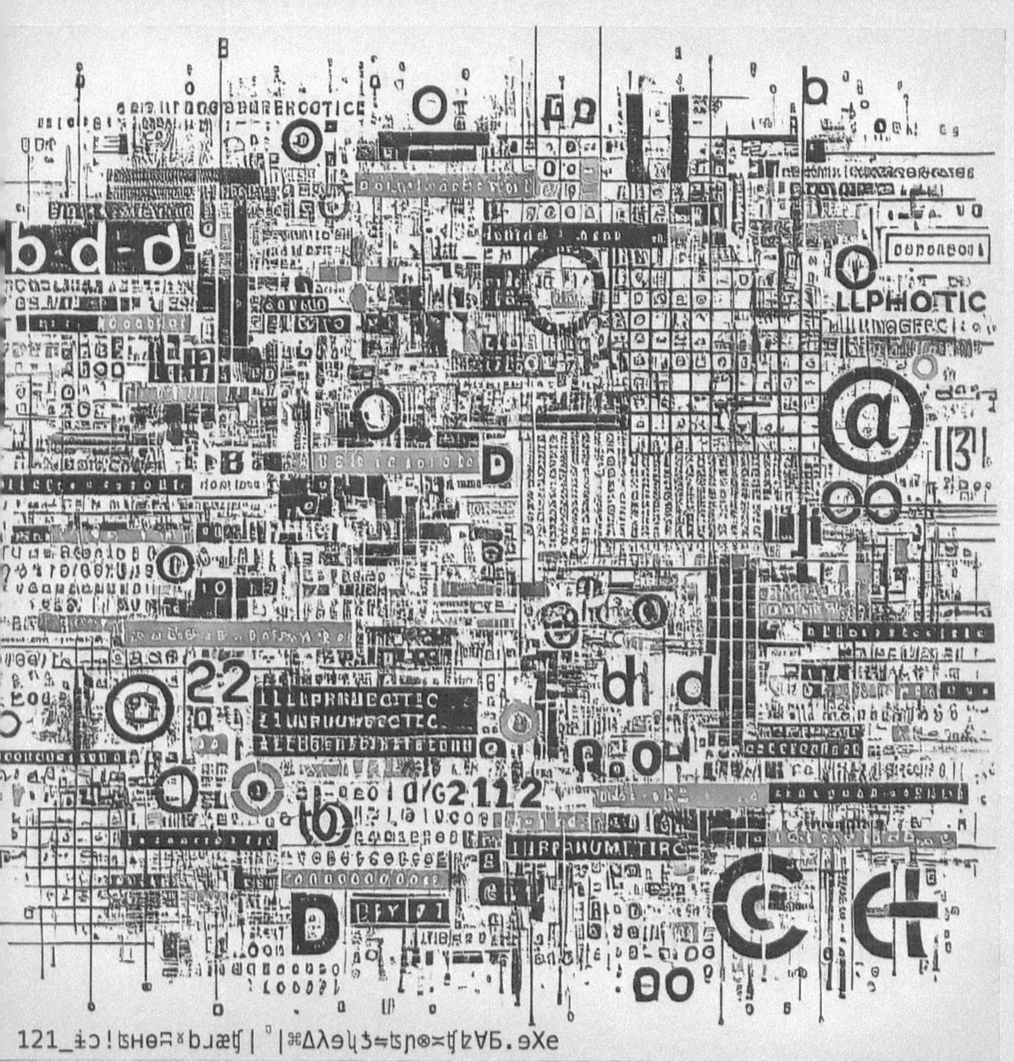
LLPHOTIC
LLPHOTIC
@

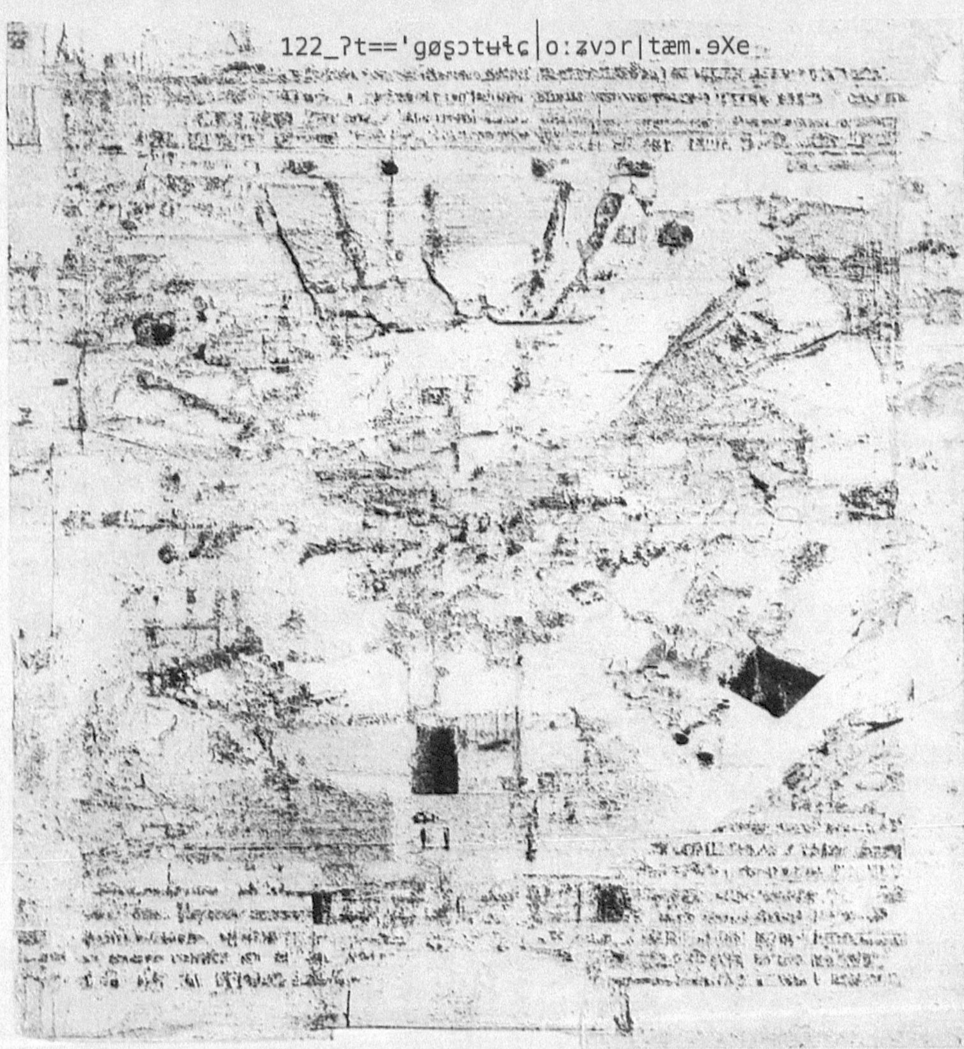

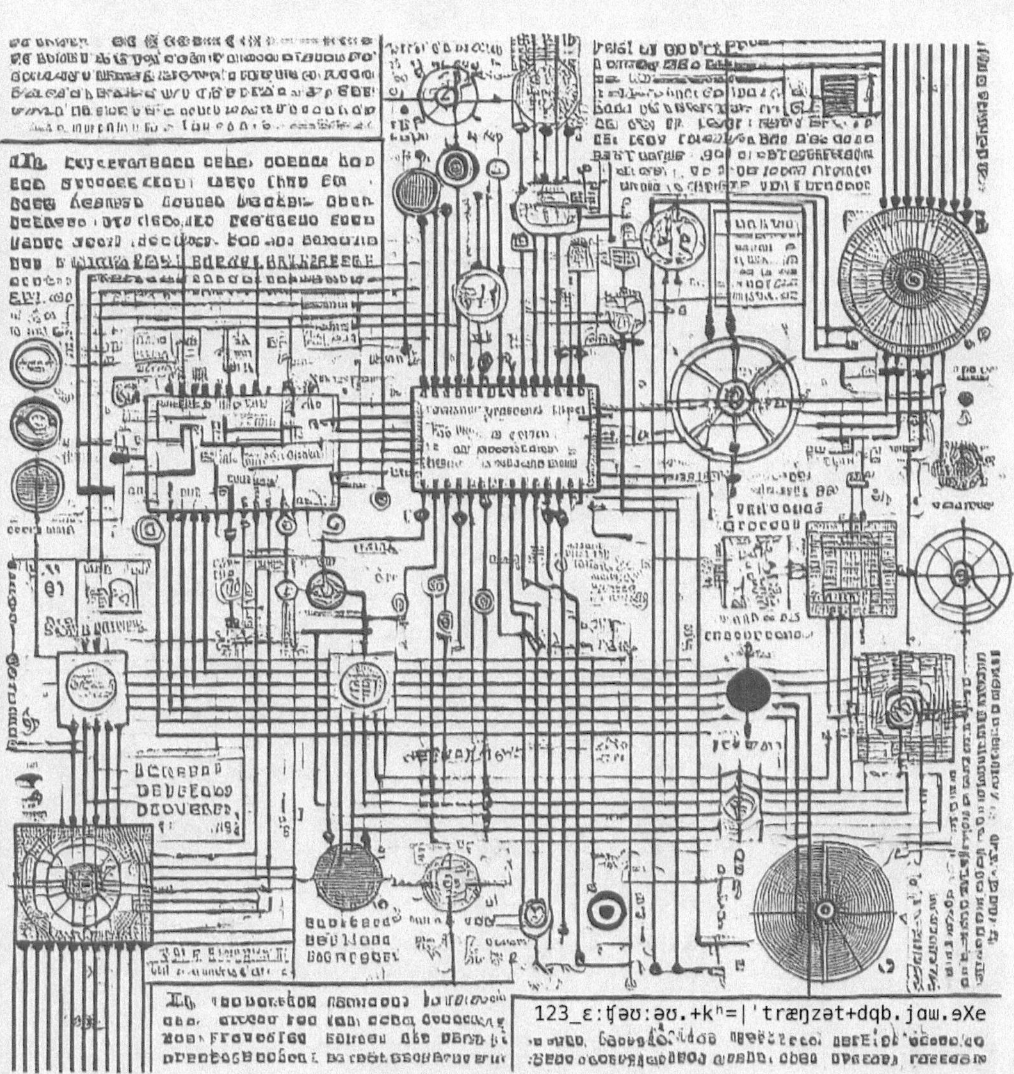
123_ɛ:ʧəʊ:əʊ.+kʰ=|'trænzət+dqb.jau.eXe

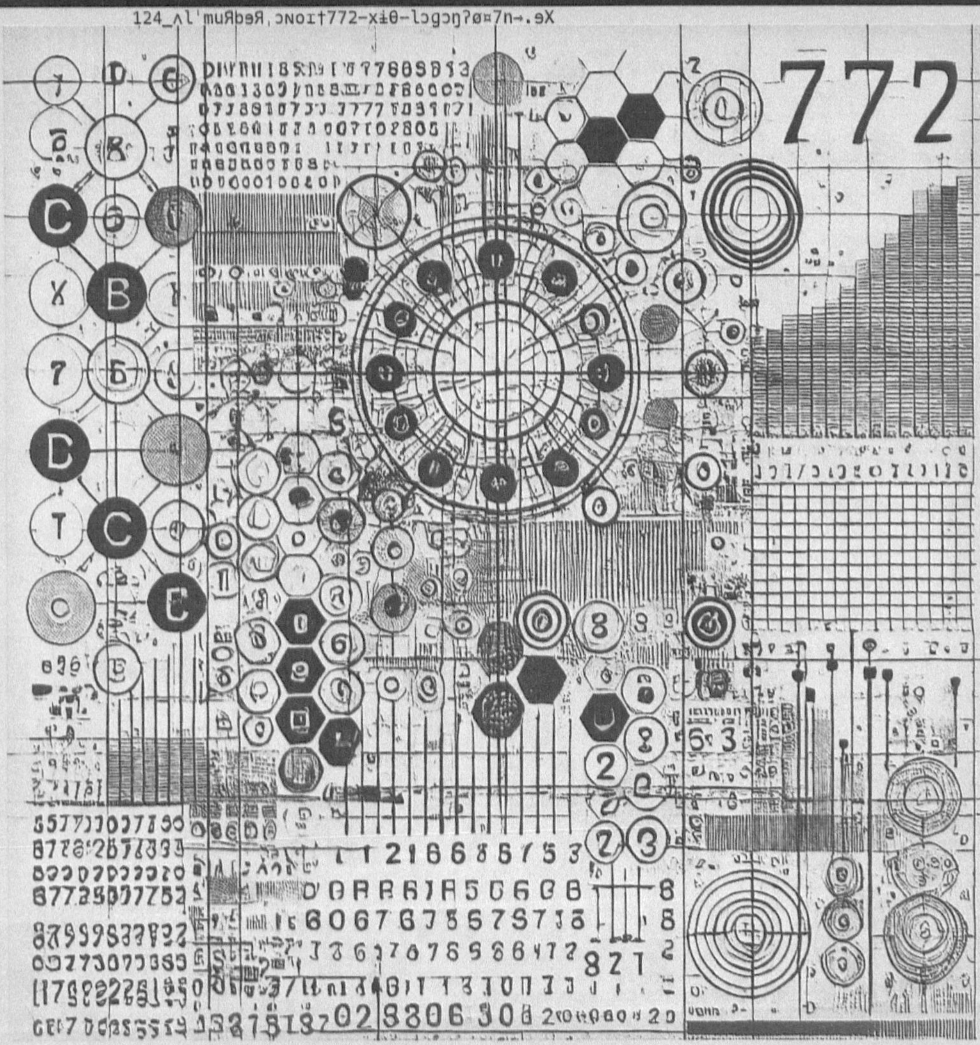

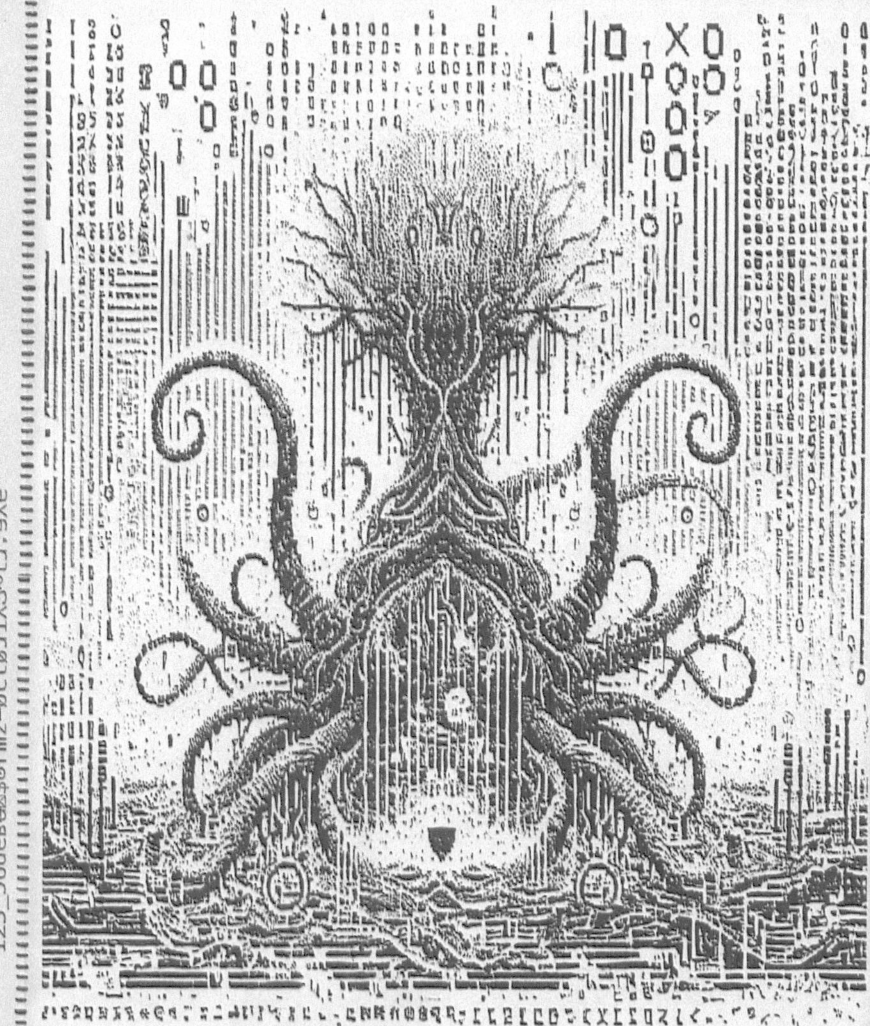

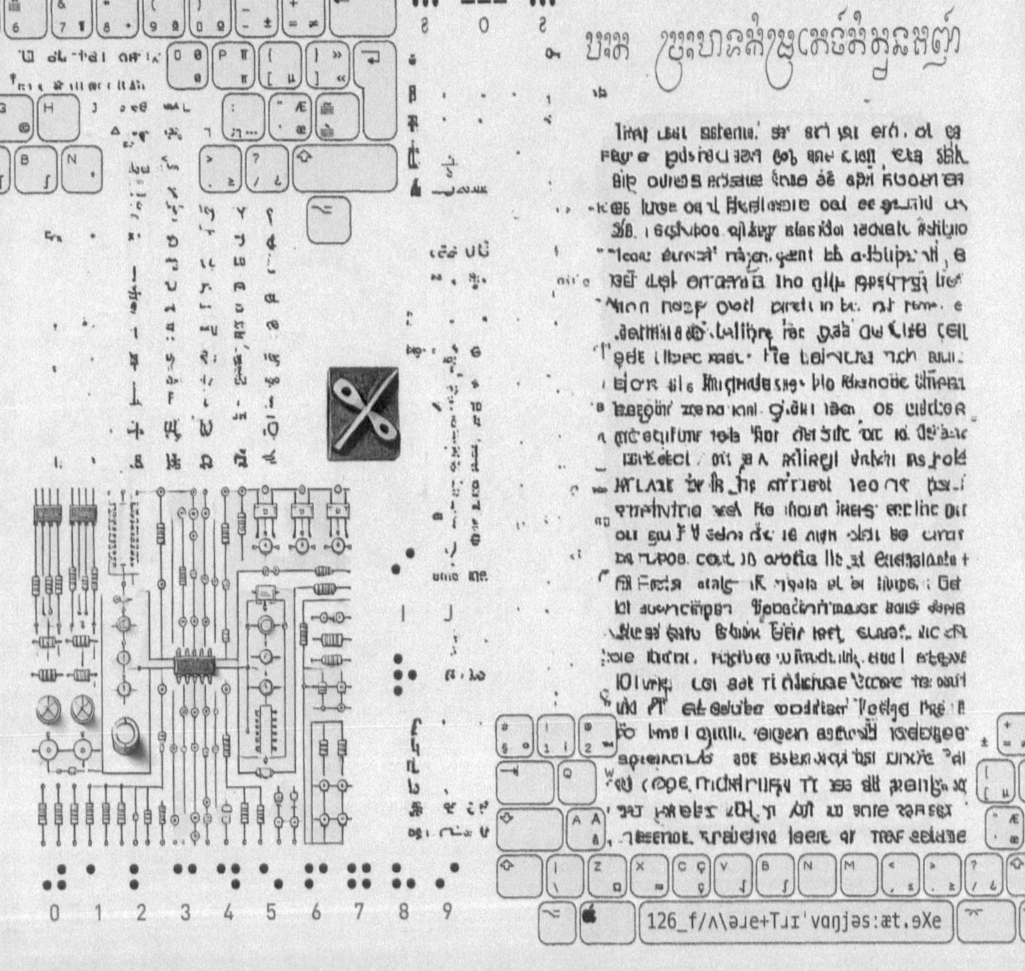

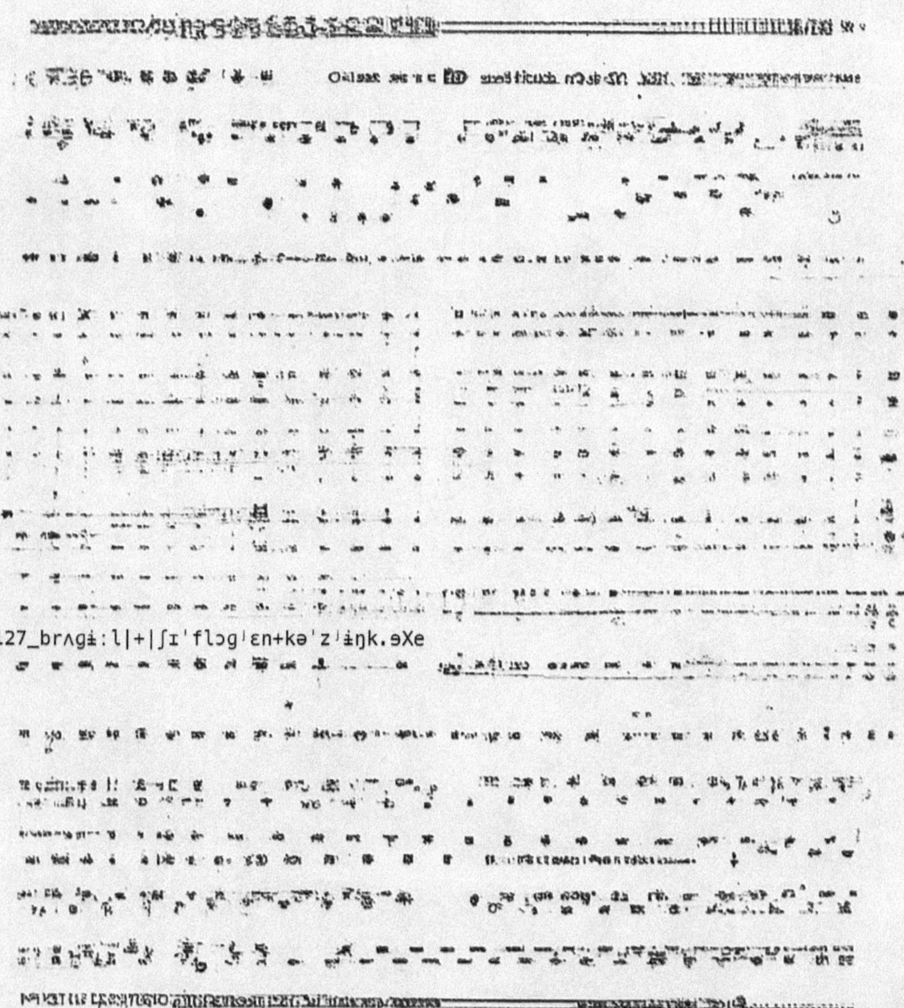

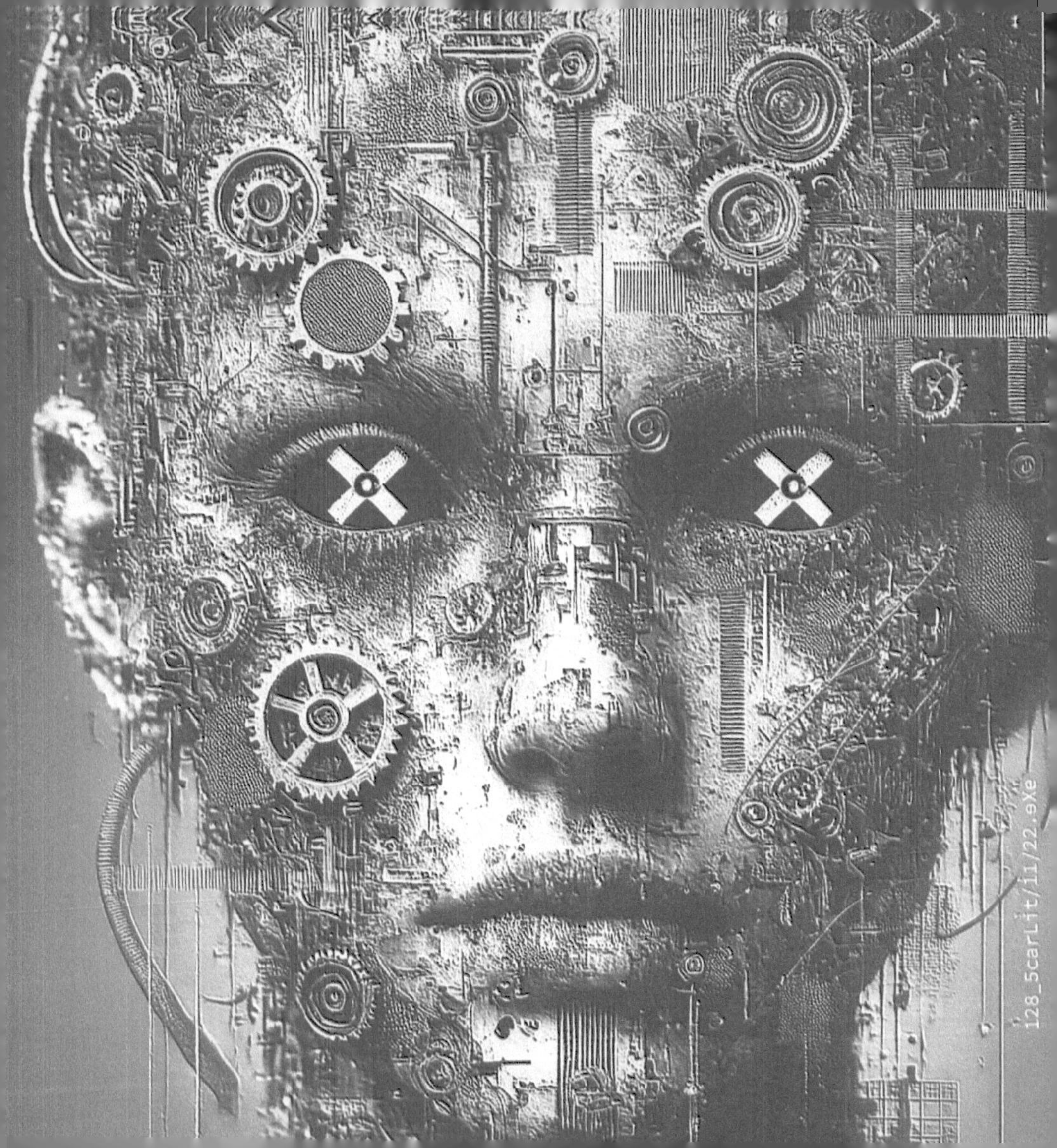
i28_5carLit/ii/22.eXe

www.ingramcontent.com/pod-product-compliance
Lightning Source LLC
Chambersburg PA
CBHW021327060726
47591CB00006B/1909